創世紀詩叢

所謂中秋是團月把鄰家姑娘閨房的圓牕貼得密透不過一隻流螢

生命是悲歡相連的
鐵軌

方明著

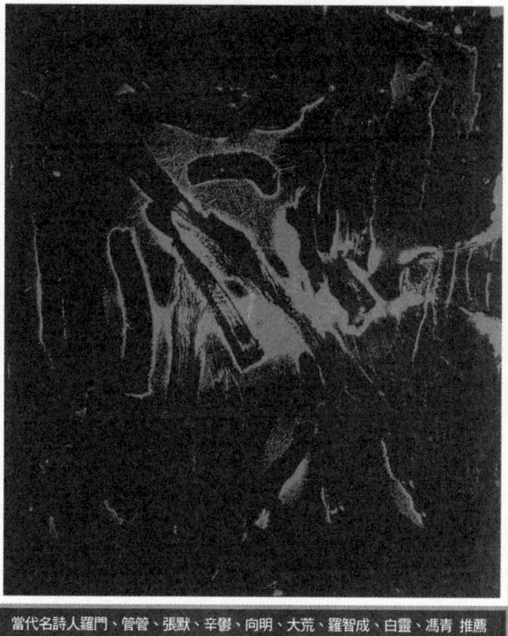

當代名詩人羅門、管管、張默、辛鬱、向明、大荒、羅智成、白靈、馮青 推薦

創世紀詩雜誌社

自序

「預知事情的來臨可使我們從容安排，但預知即將遠行，卻使我對愈理愈亂的情緒不知所措。猶記十八歲那年，帶著一身懞懵來到數千里外的臺灣求學，那時不經世事的思維只盼迅速流向新奇的異域，幻想新世界的采姿會將初長的心靈綴飾得更艷麗，又可觸受熟聽已久的流浪，和一份煢居的恣放與空寞，電影與小說不是頻頻告訴我們，逸舒的家居生活不可能有異遇嗎？

驀然顧首，桌上的豆燈燃燒了十年，當我驚覺瀟洒的感知已被太多的悲歡離合震擊得創傷纍纍，方知生命並不是童話裏那片蔚闊的藍天，任你隨意翱翔。

初次離鄉之際，曾肯定短促的暫別，除了庭園蓊鬱，樹木高發外，一切憧憬舊識都會無恙如故，怎知竟從封封家書讀出他們的成長，婚配，遷徙，凋零，原來人類的生老病死恰似艸木逢迎春夏秋冬。在固囿的遞嬗中作有限的抉擇，也能引起人們無數的觳觫不安，否則，我們怎會在酣睡中被曩昔的痕跡驚醒。

平日，總隨意哼唱歌曲裏「遠行」兩字，但當臨離依依，收拾行囊上路時，那一袋袋攜不走的情感包袱，又豈是返往的鴻札能撫平彼此的縈念。唯有眞實的擁有能滿足人們的慾念，而所謂神往遙思等抽象名詞，只使我們陷入更空泛的失落吧。

遠行的人，必須強忍雙親情義，夫妻恩愛，至於親朋的羨慕與祝福，除非他日錦衣榮歸，不然倒成了沉重的心理負荷。

你能想像，客鄉的第一個夜晚，是如何成眠？」

這是我年輕時發表的一篇小品，今時重翻翫讀，那種時空交錯飛逝的幻覺，更重心頭。

西貢，台北，巴黎將我成長的心路歷程切割得有太多的激情與茫然。追索一段稚氣引愁的青澀歲月，便將流光轉返薰風怡人的西貢，重溫那份歡柔湛濃的情愛，又將生命的鏡頭拉回六十年代古拙撲簡的台北，傷懷花都冷僻的流浪足跡，典麗的遐思卻遙觸塞內河旁的拉丁區。

夢想，是年輕人的希望，但圓夢卻是每個人經歷生命粹鍊後之洗禮的凝聚。詩篇結集，除了只想鐫刻東西奔飛的鴻爪外，醞釀重新出發的動力更具實質意義。

生活在眞實與虛無之間閃爍存在，詩的功能準確將人類活動生滅的情緒作最貼切的詮釋，而詩的張力亦最能表達潛伏在靈魂深邃裡的吶喊，這種吶喊除了嚐試在宇宙的洪流中找尋自我的定位外，亦希冀將人性本質的愛與情作更完美的演出。

乘著文字的翅膀翱翔，詩人除了要具備深度駁駕語言的修爲，豐沛的想像力，也許在其思維中必須建構一個烏托邦的世界，這樣孕育出來之詩篇的序幕或劇終，更會令人餘音繞樑，無限伸展個體想像空間。

追逐潮流的詩也許只能迎合時下的風味，而只沈耽於用大量學術爲架構之詩亦非臻美，詩人必須具有獨稟的才氣以及心靈最純眞的啓感，才能醱酵一首傳世的詩篇。

在人類生存之時空年輪轉動裡，詩是永遠溢出甘醇的液汁，讓少數因有創作而昇華的詩人顯得偉大，讓那些無意而邂逅擁抱它的群眾得慰藉。

詩人的舞台是狹隘的，但不一定孤寂，一首好詩是會鑿穿時空流光的藩籬去震懾或撫舐同類的靈魂。

本書除獻給我的家人外，並銘記曾令我感動與滄桑的人與事物。

二〇〇二年十一月二日書

生命是悲歡相連的鐵軌　目次

戰爭篇 71

剪絮篇

懷情篇

花都篇

這個世界的旅客更短程
輸送著及時的約會或
速食情愛

碧果畫作

塞納河上的掠雲光影
空寂得如百年前
莫內的筆韻

巴黎午後

如斯珍貴的夏
滿地的群鴿也在啄食
灑篩的陽光
不去海灘裸晒的女士
穿著襯花的摺裙招搖
風總飄來她們同一味道的
體香

塞納河上的掠雲光影
空寂得如百年前
莫內的筆韻
巴黎的鐵塔和凱旋門

被人群擠迫成兩座生硬的建築物
究竟誰會憑弔踩在腳下的
英雄窀穸或仰敬
Gustave Eiffel 的銅像

流浪漢被樹蔭下的長凳
或暖和的草地留住
一如遊客被滋生的美
驚愕

穿巡的警察細心窺察群像
異樣的眼神
深怕突來一幅樓倒壁傾
火柱沖天的活畫
（炎夏是恐怖份子繁殖的季節）

衆多暴露的胴體塞滿
一排排白椅的露天咖啡座

彼此睥睨的眼神
曖昧如偷情的男女

此刻，在聖母教堂祈禱的虔誠信徒
和小電影院內的觀衆
同樣獲得舒解快慰

日落塞納河左岸

黃昏，櫥窗裡的名牌
隨著冷豔的貴婦出巡
香水與歌劇、佳餚與畫廊
誰都無法預言灌溉更多的
心靈綠洲

羅浮宮與奧塞博物館已輕輕關門
維納斯雕像向印象派畫群
辯證永恆的真諦
只有冰冷的石壁　牆角的監錄器
曖昧的檢閱清湛且孤煢之藝魂

咖啡與紅酒讓沉澱的情藺
緩緩抽絲
傾訴以及尋覓他鄉的幻境
是衆人熟稔療傷的途徑

夕陽開始在亞力山大橋旁潰散
我們的眼神迅速沾舐彼此的慾望
然後若無其事購買
一張返家晚餐的車票

夜讀花都

卸妝的天色仍有鐵塔閃爍的
輪廓　臨夜之浪漫
是一種無法治療的痼疾

只有露臍裝及聖母院內之晚禱
可以平穩我們驟然昇降之體溫
在過多靜電的香榭麗舍大道
追逐獵物或閱兵巡禮同樣神聖

紅磨坊仍以大胸脯的金髮女郎
猥褻相互磨擦的觀光客
此刻眉睫之間閃掠著絕色的

情婦　伴我餐飲塞納河畔晶瑩之夜露
冰涼是很憂傷的　巴黎

始終無法翻越夢的藩籬
我們被感官的花都燃燒著縹緲之祈望
一如凱旋門下的無名火焰
霜雪不熄

巴黎夏日

在一切華美的建築物之陰影下，竄出的人群奔向陽光，而沙灘上一堆堆紊亂的肉條，被烤得較馳名的麵包還誘人。我們和大地一樣需要吸吮根根熾熱的原始生素，且我們已把羞恥燙在那層焜紅的肌膚上。

在恢宏的Rambuteau廣場上，雜耍賣藝以及零星的黑人擊鼓表演，卻無法擾亂那些街道畫家的專注……。而隔壁文化中心內，數幅珍貴的畢加索手筆，正被牆角的電眼複製那些慕嘆的群眾表情。

仁慈的法國人已逐漸自巴黎裡匿跡，繼而湧來更多變相的非洲奴工，一些曩昔曾被欺凌的屬地移民，以及飽受戰火蹂躪的亞洲難民。而這些踉蹌的陌生臉孔，很快便學會飯前紅酒飯後甜點，學會在晚上觀看成人電影或來幾套性遊戲，總比揣思家鄉憧憬快樂得多。

面對著那些邊飲可樂邊向世界盃足球賽的轉播瘋喝之中國青年，我該否拍拍他們的肩膀，說此刻在遙遠的國土，正賽著鼕鼕的龍舟。

地鐵神話

在闇暗裡伸延著交錯的脈絡
　這個世界的旅客更短程
　　輸送著及時的約會或
　　　速食情愛

彼此擦肩卻窒息得深怕呼吸
　會洩露心底之秘密
坐姿麻痺無視上落車廂的生命
　匆促如窗外一瞬剪景

　驛站之間的偶思無法治療
縹緲的鄉愁　地面上無限美感的

羅浮宮巴黎鐵塔或聖母院
此刻都是歲月裡抽象的神話

混雜族群添加香水蒸發的體味
讓人必須學會收斂紛爭的議題
如斯近距觀察異樣的膚肌與表情
你開始迷思與震懾上帝的創世

龐畢度中心夕暉

落日與初月正分歧對話
享樂與存在是否如斯真美
群簇逐漸自畫匠的眼神逸去
今天的翦像是兩三隻無神采的流浪狗
與一群喧嘩卻吝嗇的異國學生

卜卦者偃坐了整個下午
目盡遊人的快樂與茫然
卻無法算出恐佈份子是否覬覦
這座銅皮鐵骨的龐然巨物
雜耍小丑的臉正揶揄出

世間百態表情　無須補妝
反正夜色會噬吞一切
人類的苦難因放縱而得解脱
我展舞逾越道德的肢體
方能迴盪觀衆共鳴的掌聲

百萬冊的精藏與綿亙之網站
都無法詮釋生存與死亡之糾纏
神人之間的惑慮　而我假裝
從龐畢度中心飽讀一日典籍出來
夕暉的洗禮顯得更溫柔安慰

羅亞爾河域城堡

夜色悄悄竄入
曾使史頁沸騰的
羅亞爾河域的城堡群

不經意從深邃的壁燈踢翻
滄桑的瓦路王朝
刺客從慘白的月色掩護
用毒藥或冷箭美化預演的劇場
情婦的大腿伸展成羊腸小徑
將法蘭西斯一世風流韻事
自宮闈的秘道抽搐溢出
殿堂圓頂上的達文西眈眈俯視

燦耀宮燈下芸芸衆生
如何圍繞權杖諂媚
百年戰爭的饑饉與猙獰黑死病
彷彿狂歡後被揉棄角落的玫瑰

瘦癯的星相師只會預言
爵侯如何恣黏嬪妃的豐腴
忘卻千里外聖女貞德的灰燼
正沃育貧脊枯竭的國土

當義法軍隊相互奔湧蹂躪
稠濃的思維暗裡孕發
竟將文藝復興錘鍊成一幅豔彩的圖騰
交給花都多姿的春天

後記

話說羅亞爾河域聳峙的城堡群（Chateau

de la Loire），代表法國文化藝術精粹的發源地並不為過，自法國瓦洛皇朝（La famille Valois）起，歷代計有九位國王客居或以築行宮在此區的城堡群裡。

各城堡的設計表徵，更可隱約刻劃出朝代的盛衰遞嬗，亦可從城堡內部的華貴飾雕，一窺堡主之優雅或奢豪。

一代大師達文西（Leonardo Da Vinci）更應國王法蘭西斯一世（Francois 1 er）到安佰茲城堡（Chateau d'Amboise）作客，晚年參與設計一座奇幻玄迷的香波堡（Chateau de Chambord），將法國文藝復興建築風格推到頂點。除了英法百年戰爭，法義戰爭，巾幗英雄聖女貞德的事軼外，城堡群間流傳的宮廷內鬨，后妃間的愛恨情仇，國王與貴族的爭權奪利，荒淫怪誕，不更是一頁精彩的野史縮影。

馳古篇

你踰重的步履踏響我閨房的寂寥，猙獰的月剝落我澹薄的粉臉，那輕佻的身影終只臥成生冷的挑逗

林煥彰畫作

春風釀酒不醉百花斜落不愁，
只怕妳紅嫩的酥手，
遞上一杯舊日的情瀾，
不飲亦醉，不思亦愁。

瀟洒江湖

1

雲在天空繡著花朵，朝代繽紛得似一個繁
華的王國。
神州的江河互東，飽漲的太陽吮吸得吐出
匹匹白光與虹霞，浸染著青銅的彩紋。
故事便流傳在百姓的血肢。
且很中國的

2

清明，古老的節日，凡滲有黃河長江的水
釀成酒釀成血的，必懸掛茱萸如幡，必膜
拜蹂躪山腰的足跡。
每年，墓裡長著都嘰嚕家族的姍遲，看頭

頂濡濕的毛髮，緊裹我進仕時的烏紗，還
不快拔起連同蟋蟀的瞿叫。
陳舊的丘頭是我荒涼的家，每度霏雨斜響
酒坊的瓷器，我總伸頸探望一次悲惻的祭
禮，或等待一次漆釉的淋漓。
祭歸，路過杏花村。
那場梅雨有點酒味

3
廟前，守夜的石獅早已熟睡且蹲姿仍張牙
舞爪朝向擴張的冥然。
荒山的涓流特別響，我雄踞一片沉沉的夜
色，若偶爾燃起一盞燈，必有落魄的貴族
投向我，必有貪圖功名的儒生投向我，必
有貶謫的步步陷落的朝臣投向我。
而我的家譜只是一群削落華髮的
吃素趺坐的
睡醒不知涅槃的

數珠子孕育靈光的
疑惑的百姓啊，煙火是否形你多樣的神
祇，且祂們兇惡的咒詛，鬧得你們歲歲旱
裂。
總是很靈驗流傳在古老的神州
門環扣不開庭院之蕭深，躲了數千年的臉
色，藏經樓的詞典翻不到一道秘方，治好
雙雙迷佞的眼暈。
道士疾揮桃木劍
風燒
雨熱

4

萬户燈火拒迎我這迷古的過客，朝代越跨
越陳舊，遠望道上踽行的仕俠，斑斑的裝
服，斑斑的青史。凡清癯的祇懂秉燭枕
書，眼捻螢光。凡配劍的必曾竄馬平沙弓

窮域外敵影。

數條溪流也春不起來的北方，你是神州一副峻厲的臉，你多鬚的荒曠凝雪，你高懸的眸子是一座城堞的警鐘，夜夜睜亮不眠。

唉！還有什麼比蘇武的鞭節更耐冷，還有什麼比昭君的琵琶更幽怨，還有誰比李廣的臂胳更長圍築城牆，還有誰比木蘭的花槍更嫵媚色殺垂涎漢土的寇讎。

如斯嚴酷的北方，中國的經義竟在此萌芽。

中國的經義竟在此萌芽。

萌芽在嚴酷的北方

5

翻了過多的私史，我勢必被逼上粱山讀水滸傳，讀到月落烏啼讀到四周隱約成池

堡。我胸前的瑰玉是一幕黎明，看雞聲漸
揭起薄霧。
那一百零八個多鬚的野漢，讓昨夜的露水
壓得他們懶慵，不練槍不舞棍不躍梅花樁
不戲耍刀陣不泅出溝池。
如何晉見大宋的户坐
（有時緝拿只是慕仰你們羈蕩的才氣，勿
怪孤家多禮）
久聞你們義薄雲天，而且有一套很中國的
功夫，就留在宴後餘興，就留在月黑風高
夜攝取叛逆的首級，但勿攜回血腥受封。
大宋的寶殿是一塵不染甚至草民一聲冤
情。

6

不冷落夜只冷落閨中的娘子
不冷落功名只冷落樓頭的盼望
中國的男子皆愛滾輾聖賢的格節，沾不到

繁榮的爵祿也沾到一點宮掖的驚心。直到破碎後甦醒的是一場傲笑的夢魘，月下的窗仍舊寒懍，黃破的經册仍舊枕在你不眠的桌上靜思，靜思你十年的故友，夜夜玩索我的夢痕，今竟乍然歸來重續塵緣，重溫香氣已淡的髮妻。

莫怪我哀怨氾濫的眸子，瞧西湖上雙雙的儷影，早已濯盡我少女時的情浪。

今夜重逢，你是夫君
或只是過路的偷香客

7

秦淮妓歌

揚州夢甜

誰悄悄鋪展古色的黃昏，多情的詩人醉上層層樓頭，神州的斷霞起自嘉峪關，騰昇的精魂誰來賦詩。

刺背的岳飛刺出一張殘宋的地圖，囚北的

文天祥囚住磅礴正氣，昏懼的宋主啊你十二道截鐵的金牌削瘦著孱病的山河，滿山屈怨的輓歌自往昔花鼓響過的征途嬝起。凡出征的壯士不歸，凡征歸的壯士未解戰甲已解下千世英名。而疆域的異族俯視如大漠的雄鷹，而天子的笑聲只困嬈禁城的苑園，而殫勞馳奔夜戴星晨的孤臣，只為一面欲墜的旗幟，只為一片山河未浣淨的羞辱。

登樓的詩人啊，你如何題話絕賦，如何喚醒橫臥野嶺的冤魂。

8

不賣美人賣江山

不侍父命侍紅顏

我乃百戰榮歸的明將，谷陲皆我偉昂的蹄跡，久聞天下第一關的巇險，給我峻苛的吶喊驚得馴服。今我塵歸的傲笑震撼讌座的官侯，而喜慶的舞影是雙雙媚動的秋波。

圓圓，你嬌豔的小名夢閉我山河的殘缺，讓我劍破鏘鏘的玉關，殺一條鋪向我迎你千軍的血途。

畫樓深處不知月
薄命紅顏幾度嬌

圓圓，我衝冠的怒髮是纏繞長夜的相思，怎知鼎湖慟哭催人。

9

莫使金樽空對月
天生我材必有用

我後面隨來的是隊隊長江黃河，窄小的京道如何容我袖裡的明月清風，如何能盛裝我傾樽的豪氣。我來裁剪一片長安月，看看是否隱有胡笳的淒清，看看天子見我醉姿時的驚奇一如百姓吟我詩歌的驚奇。

我受傷的寂寞未帶走宮庭一支舞影，未懾去千隻愛慕的眸語。凡曾繁華的只等待兵燹的橫掃，凡平息的必曾給血色洗淨喧嘩。天子，我的詩與你美人的霓裳終敵不過干鑾的叛將。

有時戰爭是一首奇魄的詩，不聞子美悲壯的吶喊，不聞馬嵬坡下的長恨調，終必上昇成千古的絕響。

10

遙拜龍的族史悠長五千年，野店的油燈亦亮了五千年，說古的老頭你如何收藏流失的帙卷，江湖飄瀟幽幽的雨，無數英雄傑仕自你眼眶逸出，鳴冤鼓也罷，風度彬彬也罷，是神是佛是年代殘舊的闕補。

一盞燈便是一次夜讀的見證

中秋

所謂中秋是團月把鄰家姑娘閨房的圓牖貼得密透不過一隻流螢。

傳説瓊樓的釉彩是星光是千萬隻佞信的瞳漆亮的。我們撕著頁頁唐詩疊成天梯去掀開雲裯，竟搜到唐明皇遺下的一塊塊瑋，便這樣灼著誘惑代代貪婪的君王的醺姿。神話是越攆越貼耳際，連小孩聆聽時的雙眸恍如一潭深邃的黑海殞落衆多焚燃的流星。摺，摺著。

嬷嬷曾經這樣説過。

上昇的美麗的神話。
上昇的煙火燻得玉兔的眼瞳成河
秋泛濫嫦娥深顰的臉，彷彿霹靂的穹蒼冥
封后羿射日的雷霆以及那躡手躡足的舞姿
吞食一顆靈丹如詠吟一首絕歌的淒涼。而
詩而掌故敲著鼕鼕的銅鑼叩醒長江黃河滾
來的是一疋一疋的歌讚　呵

上昇的美麗的神話
上昇的香柱焦得月姐綴滿羞掩的靨子
炎黃的子孫是善於膜拜善於塑造一尊未名
的神，而後用燻火圍住夜的幽暗，喊風喊
雨喊山喊海喊到衆神瞪目，而節日只是一
卷流亡的野史。

所謂中秋是圞月把鄰家姑娘閨房的圓牖貼
得密透不過一隻流螢。

黃河

這杯滲透過多淒厲的酒比斷腸的傷別還苦澀，原本只是秋聲裡小小的嚎啕，卻泛濫成千萬首仳離的哀曲，難怪你源自邈遠的上天卻接往浩瀚的煉獄。

猙獰的支流截成中國橫斷的歷史，朝代卻被你無意的崩笑驚瘦成一支無人過問的蘆葦，任寒風削來削去。我們是苦難的一群，就用苦難祭祀你狂舔過的涼荒吧。

春天被你鞭打得綠不起來，我是一介只懂膜拜的草民，怯然從你瀉溢的泡沫討活，中國何尚不是，用戰歌圍築的昂偉也抵不住你一夕饕餮，一次沉淪的嘶喊。

不敢奢望你被歲月養馴，只暗盼你改道時，就留下那片被骸肉酵發過的肥腴土地。

馳古三卷

釵頭鳳

滿園春色，滿園春色拂不去我失調的心緒，年年楊柳爬過宮牆，綠盎便止於我兀坐的長亭。春風釀酒不醉百花斜落不愁，只怕妳紅嫩的酥手，遞上一杯舊日的情瀾，不飲亦醉，不思亦愁。

舊夢新憂，舊夢新憂不自長江潮頭，千古多少離怨恨，早已化成淚痕行行的羅絹，一飄成雲。不哭枕邊情薄，不痛夜半月缺，只怕妳錦書盛綿意，只怕妳私情暗裡拋今非昨，今非昨是獨吟獨唱的孤影，滿懷憂傷的山水啊，妳哀冷的春已無人躍踩，而那蓮步細錯的倩影為何隱現，在我無意觸及曩昔的歡交，便讓那欲語的鞺動勾起一湖心底的痕傷。

人空瘦，人空瘦是沉照晚影的悲蹙，自斟意濃無語。不詩不歌的春，誰叫花間的詩話散似片片無奈的落瓣，掇拾不忍，睥睨不休。

赴京

偏要選擇庭園春滿，樓外翠綠的時刻。相信妻也明媚不起來，當御城的殿鼓敲響，又不知多少娥怨落成憔悴的春

無心追逐蝶翔，無心推開環門而春卻湧
入，這時，妻與我密居的書齋一樣泛愁，
忍讓春披上便出的衣裝，但未敢踱向雙雙
魚嘻的池橋

趕滿身的風塵到華京，卻攜不走故園一柳
一顏色，反正夜來月便篩我影，只沒有映
在妻心的更盈

十年蜷縮在典籍的霉香裡，陽光與繁麗同
樣陌生，羅列的街燈比夜夜冷閃的星象更
美，只是不知賣送幾許青樓歌院媛娘的青
春，而侯門豪客總在貪婪一夜暗香後便逸
似露水

歸鄉較趕來時更焦慮，白日與燈色仍舊等
望，唯有妻的髮香已淡。

夕陽

淒蒼的西風將沉落的夕陽愈吹愈紅，這帶雲層皺摺最多，只因終日的湖樂與鄉曲，奏愁了那遺落的豔麗

無人惦懷的路徑，連小草青青的臉色亦茫然。只有你無心拋下的霞影，能束成娥妝細腰滑動的緞帶，入夜便隨歌色舞影旋迴多少支迷失的強矢緊插你身上，不然萬物垂幕，怎只你淌血不止，此刻百江靜泓，勿再滲入半點腥味，免惹怒浪排空，掩溺了初生的星辰

暗角的影子漸漸活躍，城堞哨兵的長戟更亮，手持的干戈被家鄉的思念愈磨愈利，而蓋身的雲被卻愈來愈涼。

當晨風將你輕輕喚醒，一夜夢域，又塗飾幾許少女的紅粉。

深宮

盡是千響梆聲鬧我失調的睡意，掀開那薄如寒夜的幃幕，煢煢的燭光吞吐我半身殘影，忽聞門外跫音我欲折的柳腰忍不住蹣跚的步履，遂似斷箏鏘然隱去。音韻猶在巍峨的宮廷蠶食我未凋的宿淚，唯有歌迴笙樂以及無依的紅燭伴我依依，不見亂紅飄落，幾夕的夢魘猶有憔悴鏡裡紅妝。

未驚癡情未恨風月未涉別亭，說登龍門說稗官史我千秋，半載枕寒卻聚淚珠無數。

青樓

你蹌重的步履踏響我閨房的寂寥，猙獰的
月剝落我澹薄的粉臉，那輕佻的身影終只
臥成生冷的挑逗
客官你蛇樣貪婪著剩下的羞澀，而一把散
髮終掩不住窗外之光華，遂有碎落之銀色
照亮你清癯的輪廓

一池鏡色盈溢我憔悴之容顏，低頷整裝禁
不住簌簌的熱淚似蠟燭垂灑一地豔紅鞭打
著朵朵含苞的笑靨，滿襟香氣幽幽瀰漫你
躍出的慾念只隔一片羅幃之欣然

晚來我癡思少女時的嬌憨群舞幾許拜倒的
狂生，今我扶搖的蓮步顛簸一液醇酒燒著
半闍的清醒，衆多非非的目光將我揉成一
把柔柔流水潑濺你漸寬的畫袍

夜夜我無需卸裝，一輪月華映我衣袂黛
螺，那陷落的吻痕匍匐遍體海綿的鱗傷，
歲月漸老我愀然的風情縱有殘燭之哀怨，
一曲消魂終解今宵恣意貪歡

趁淚光未泯，且聽我說故園的晚亭曾有翩
翩舞影，玉扇拂翦一夜春色，那展媚的娘
子忍住傾瀉的情瀾空守牆外欲躍的跫音

君且聆聽一闋箏，旋起的霓裳媚動棲息的
星辰，我遂揮落滿天的燦然，顆顆笙歌滴
落一盤昭君怨

客官你久違的青杉曾涉足大都江南，那捋
鬚的囈語竟成首首絶句，想你必曾擢第帝
旁醉罷飛筆

貶謫的儒生就醑一杯影，你我共濯落魄之
衰顏，莫話明朝驪歌嫋嫋的悽清

（台灣大學六十五年度新詩獎）

書生

兩片縹緲的袖子竄進了蕭殺的秋天，任風
兒的嫵婉他步姿的急遽仍跨不出枯葉窸窣
的午后。

而菜色的臉更瘦癯

恍惚的睡眼捻熄幾許夜半的燭光，每每雞
鳴時他便剪貼數首能倒誦的唐詩呼呼寢在
昨夜臏下的涼意裡。

直到太陽發白…………

而菜色的臉更瘦癯了。
等候黃昏又怕說愛時揖手的失措驚動一簇
簇提燈的夜族闚伺。一本論語掩不住半臉
的羞紅。

（洞房花燭夜）

走陷千里路餐盡八股的霉氣便衝撞上考官
怒瞪的目光、撲撲衣袂他便萎縮如牆角的
雞抖擻的寫著季節的遞嬗直到秋來他的手
僵白的如斯美好

（金榜題名時）

詩人

勸君莫作獨醒人
醉爛花間應有數

去替月亮調色
去揮衆星落我衣袂
將煮熟的唐朝咀嚼

為一點雨漏守住殘夜
曾惜夜意闌珊
將一份柔柔相思
盈寄那株不解春風的楊柳
無須繫住離人

簫送扁舟
古來別亭未沾愁
那怕揮淚羅巾
招展夕夕黃昏

菊花及娘子的曲線都病瘦了
我久未躑躅的香徑
任落英疏影
庭園仍紛繽得古典
未有翩蝶越牆
鬧醒簾外曉鶯

我灑然的笑顏
濡似江南梅雨
滴響樓頭暮鐘
聲聲傷春
今宵無梧桐悲風

而我多樣的思潮
遙數螢光明滅
似紅豆無數

何處蓬萊
我逍遥的夢居
留住春
夏
秋
冬
那片欲滴鳥語
不滲半滴塵俗

古道

不太亮的陽光是殘照
不綴葉的樹是枯木
不餐西風的是瘦馬
不踏古道的
不識古人

來尋的，不是屬於英雄的碑石，不是濺揚
一片風沙籠罩更消沉的古道，你的影子掃
著未冬的落葉，終拖倦一地遊子躑躅而
歸。

我憔慮的詩人

較晚些唐朝便來此歇息
你若舉觴
李白的毫氣不減當年
勿邀多病的杜甫
連夢囈的呻吟也是絕句

載不動的是年代的浪潮，此地無扁舟簫韻，看罷月色已醉倒衆樹借一片蛙聲的嘩然四周便秋氣起來。

一卷詩一場浮華夢
十載寒窗許是十年朱門
而今無人趁螢光
窮千里雲梯

昔有皚髮將軍悲歌堡前
昔有五陵年少豪買千宵

青衫遮嬗官袍終歸青衫
汲取百世功名
終歸一坯黃土
這時，若有路人走過
臉色必然很古

沒有起點及終驛，凡來自四湖五海必給夜涼削得不能再憔悴，凡自酒鄉來的必死抱著這裸裎的幽雅，凡自長安洛陽來的必倦於饕餮霪氤氳。

多妙絕的圖騰這裡星兒是捻不熄的燈，看遠方有人舞劍劃出的火花。
朶朶乃戰爭
朶朶乃戰爭

這裡有傳奇的神話

瞧那支白荻
聽得低頭

殘照是不太亮的太陽
枯木是不綴葉的樹
瘦馬是不餐西風的
而長眠古道有
算不算古人

登樓

你古色的蕭然
靜寂在每夕風霜
而旋起的渡口
誘盡酡顏仕客
騰雲話國事
沉雁幾度歸

月是你古銅的鏡
遙望江山
近泊西湖
有才子飛沫題詩
斑剝的龍柱

猶有騷怨大壁山河
沉溺一杯燒酒

天高雲湧風急官客，躍下便成汨羅
想把名字灑舟
扶搖萬世
而波濤浩瀚
淚印無憑
哀哀

一柱沖嘯濯盡來時容光
日依崦嵫
滿腹經論焚成野話
欲歸翠園
返途無雲鶴
臨江棹橫
對岸畫景明滅

半展紙扇盈拂初降夜色
但依欄杆
看暮秋引斷紅霞
舉樽共飲
惹得壯志泛濫
莫嘆關山月遠
今夕任風往返
顒望長安
未聞干戈隱隱
五陵少年戲耍華燈
而山河猶缺
聽罷後庭花
賣笑中遂有桃顏收斂
勸君狂藉今宵
家國
進仕

青衫
醞釀譙樓漏聲
念及故園多秋
我早生的華髮是一次未渡的
神遊

離騷篇

江淡
月無眠
萬般物華沉澱無息
我是昨夜醉醒的
騷客
驟見一幅黃昏垂落
對岸漁火
成星

飽讀萬卷書
羞見宮廷説客
朝夕笙歌

我怒罷朝笏
換來聲聲浪跡

背遥荆州
猶恨風月不解癡情
無教坊遥歌
送我一亭
又一亭

過盡千嶂
舟子横隔河河
傳說如午后揮虹
弧斷天際
暮夕我喜詠觴江旁
那失調的民謠
歡躍鱗鱗水族

怕故國凋落秋色
懷王，你樽中搖盪的江山
酉成杯杯熱淚
長飲千日
而巍峨華殿
殘褪無聲

借一把風
借一片江煙
我飄逸的衣袂載動幾許離愁
縱有落水銀花
美如散髮
縱知銅鑼棹響
未罷寒宮
我獨沉暮色
莫待詩篇
成册

邀酒

淅瀝的漏聲是撒自青雲的酒泉，我豪飆四方的冷露，忽忙中竟吞下一鏡月華滿臉蒼黃。

我衆多的影子軒然而桌，數聲吟哦遂見長江沸騰凌空千軍嘶殺萬馬蹄升，我愀然的神州啊，古來幾許英傑臥成海棠。

今夕長城躍高幾許
北方的殘虜
只干鑾我杯底寥寂
聞說歲月高隨林立的墓碑

聞說正氣能凝聚成虹
怎麼 不聞
酒能躍馬揮戈
酒能傾瀉千鈞情懷

我且歌且醉
風籟你是琴是笙
勿低聒兒女長情
勿竊紅燭夜語
讓我擁抱洶湧潮頭
一顧山河家園

時讀黃河奔濺萬里的激昂時暗翻野外隱士
史册
我若夢斷關山
怎忍清杯抱琴淒淒

戰爭篇

有時
火與戰火一樣可愛，撲不滅的挺好玩。
預言所有孩童必須學會辨別
榴彈與馬鈴薯那樣攆給敵人那樣留下乾嚼。

林煥彰畫作

砲彈如街頭驚慌的人們亂竄，
離散的親情匯聚時已是一堆不懂慟哭的骨骸，
無人歌頌過的戰爭，
仍熾盛流傳在人類暴虐的情慾裡。

毀約之后

哀異域的家鄉

毀約之后。樹影搖醒鳥夢，纍熟的果實墜地抗議，今年的冬怎麼特別白。白到母親的頭髮，白到火爐的焰有點抖擻，白到襤褸的街衢整齊起來。從午後到黃昏，風乾乾癟癟的打開窄巷的通道，而參加夜祭的只有稀疏的螢光及一群信奉火的孩子，有時火與戰火一樣可愛，撲不滅的挺好玩。

毀約之后。頑敵撕著半截江山，然後用嘲
笑來縫紉它的完整，善良的百
姓們且放下你的武器，讓熔爐
煮得你們水深火熱，這樣冬季
比較好過。勿搖醒凍僵的夢
魘，凡北方長大的，都無需朝
陽便懂舞劍，無須月色便懂攀
越蒺藜。

毀約之后。等候一封家書如等候一次神
蹟，媽媽的慈容隔得多麼遠，
情人的思懷便長得那麼遠，而
咫尺的只是淚影中的濛糊。

毀約之后。我更愛獨坐，這時故鄉的街巷
必靜得無一尾狗，落葉驚得縮
成一團。我日日輕聽日曆的跫

音，怕它掉來古老的節令，嚇跑我無奈的思鄉症。此刻預言與允諾都束手，想百年後，我們都朝向無國界的后土，無須失眠，無須抱月思家，就且忍住崎嶇的阻隔，忍住夜話的啜泣。

毀約之后。祈禱時天色更暗。

守　哨

頻頻目隨冰涼的月光
掃瞄陰森叢林的
一點騷動
便惹引夜梟
徹宵警覺

四周驟來近遠明滅之幻象
激盪無數
比持久的槍更重的
心事

終忍不住家鄉

那次泛濫的嚎啕
狠狠一腳踢跑
草堆裡窸窣的蟋蟀

誰知
都市安甜的睡意
是被個個不起眼的站崗
呵護

破陣子

1

目睹流來，不是蕭深的夜色，不是液動的
秋氣，而遠方戰鼓無人敲打
誰是勝利者
血河兩邊湧

夾著草木之腐臭，那一漬赤黑是深情，那
支骷髏，許是爸爸的手，許是情人的手。
爸爸的手，曾是冬天的搖籃，撫我逗我，
摘星星給我。
情人的手，曾撐起雨傘，依我偎我彈吉他
給我。

廿年的家鄉是一個陷落的深淵，戰火蓆捲過的地從未長過春天長過綠，無枝椏棲息的鳥群，日日沐洗曝裂的陽光。

後山的小溪隨我洗臉的歲月溷濁
在燃燒中早熟的稻米
在流彈割斷風箏的日子
未遇鄉愁
已知鄉愁

2

流浪的年代
流浪的狗瘦隨流浪的風
流浪的鴿啣著流浪的信
而流浪的流彈
播叢幾堆劫灰

雨打褪殘地圖，哨兵的臉色層層疊似冬季
的夜，無根的抽搐自垂死的戰士緊縮，一
根肥壯的野草能吮盡一個傷者的血。
流浪的年代啊
還有什麼比血更甜

3

終失落的土香
背井後頻有落葉絆倒我健忘的思維，想及
扮新娘的情人仳離時猶未懂得許諾，我把
夜色拌入更濃的咖啡。
遙不可歸的家，郵票貼不住的思念，我一
弦琴音一束詩愁，夜夜往返撫伴母親的容
顏。

老兵

呷一口茶
往事便從重重的鄉音
蒸出
這種年歲
再也不懂得流淚了

斑斑皺紋
像一疋阻路的海
希望在對岸
理想在對岸
怎麼花掉整個青春
一切仍在

對岸
淺淺細吸
再吐一口氣
薄薄
似剩餘的生命

感覺（之一）

討厭。髣髴無生命的
　走入戰車吶喊的
　　血道。
誰是子夜後的
　一隻鵰鴞　　以血的
　顏色　　驚動
一個寫亡國史的人
　那夜。炮火的紅焰
使太陽頻頻失眠
自黑夢正濃的一隻夜梟
竟也遺忘星月的
　故事

抗議，只是一種獸性的無聊
　上帝的默然
臥下。很多睡屍瞪目
鬻一瓢血液濯洗山河。

（十六歲時作品）

感覺（之二）

給越戰

1

黃昏的戰鼓撕著荒涼的雲塊
蒼白的歸鳥撲向號角嗚咽
這年代　再沒有圓桌武士
揮劍耀日
聖經因荷負過重的真理而墜成彈片的齟齬
星期天，修女的黑袍最顯目
毀約後仍有流血的
故事　湄公河畔淒淒
垂釣的老翁盼望他兒子
若一尾落罟之魚

鮮爍的傷鱗是逃亡時遺棄的
勛章

日子是漫霧的群巒
過敏症的鳥兒
總聽西風成輓歌
衆樹招搖旗幟
孤魂哭皺母親的
白額　幾束皚髮
幾束離愁
綴補的麻衣
是渡江時的夾克
（古來征戰幾人回？）

2

沒有掌聲便落幕
一齣真正打動觀衆的悲劇

柩車的送行者
仍是柩車
不為什麼便擎起國旗
矚目的葬禮是扼殺
下午喉頭的窒息

那年，宮殿的迷案
只引起後廚幾隻老鼠齗齗
暗道青史的竹簡
有朝剝落
（啊啊，戰爭便如此簡單
是兩個王捋湯鬍子的一會事）

3

光著臉的軍鞋
鋪滿遙遙塵路
總背著太陽去突擊

或射落一些星子
好像穹蒼如我們的臉色
一樣灰暗
除了影子外
我們並未攜帶一顆襟徽
來攫補敵人的雙目

藍藍的季節
炮彈和雨水把地面打得好猙獰
來途泛濫
去路清冷
任誰守住一個陷落的夏季
纍纍的戰歌已成熟
已去佔領那個焦灼的山頭
及一座古老城垣
髣髴走索者般怔忪

感覺兩行絶峭嘩然昇起
而兀鷹和鐵鳥隨著生硬的板機盤旋
躍過死亡邊緣
又是狩獵一次月蝕的側影

4

西貢正憩睡

角落的一隻貓兒眨動雙眼
想著：明天將有一次豐盛的宴酳。

感覺（之三）

其一：苦幕

那年翻動過的塵土是層層楓紅
故鄉曝裂

妥協的前夕，竟有淒淒風雨說怎樣也揉入
百姓的熱淚，而電迸而雷轟而穹蒼陰沉，
你嚎啕的哭聲掩沒急遽入林的跫音。

鄰家老婦煎熬過十八個冬天終也送走嚴霜
中唯一的兒子，出門時頸項懸掛星光若迷
失叢林裡就與敵人共照吧。

鼕鼕鼓聲隱沒
你從傳奇的兵燹走到更荒涼的戰場，那兒
魍魎呶喧集市說著那不成形的精魄如何歸
家親澤髮妻如何從慈母盈眶的淚光中逸
去。

彳亍三千里
濃愁只一刻
曾戲謔夜夜臉洗山色，如今是滿目瘡痍的
斷隔。
比藍天還年輕的男孩，伊斷臂是荒野下垂
的枯枝，狂飆時便摺成一支悅耳的輓歌。

這年代炮聲和狼嗥同樣時髦，流彈震撼一
山焚燃的夏終紛落成殘冬的灰燼，你可掇
拾衆多死去的春天朵朵笑靨如斯童真。
如今流尸睜目　　睜目流尸

昨夜的鞋印是變奏之逃亡，乾癟的臉孔驚惶了背上的嬰孩，瘦瘦的哭聲瘦瘦的禱語。

神啊！你造就天地
何不以骨骼構造山脈
何不以血漿填河
讓殘暴的人類厭倦於血肉的芬芳

其二：懷異域的雙親以及往昔

髮未白淚白的　娘
孩兒讀戰火如讀唐詩時焦慮
一夕一本呵
歌罷三百首
你和藹的容顏自淚中昇起
又是一個濡溼的夜

一排彈痕展落半斜天河，聚見無期七夕的
神你該喜悅於天帝的仁慈，望河無岸抽搐
的思維濃濃終成一杯澀澀的香醇，星起時
酒坊盡成倒影　怎麼爸娘也倒影。

我純然的日記從未給人窺視，只有風箏與
海潮探索我小小的隱私。
啜泣之秋是蟋蟀動情的季節，我曾詩過月
過邀一個夜，便兀坐不歸，休管爹娘忐忑
候望。
談及螢火聊齋，談及大人貧瘠的臉色，談
及上史簡的俊傑，少時總愛夜夜不歸
談及
戰爭頂過癮的
不然萬人湧去不返

開始懂移植泛濫的情話，征帖説我與M16等高説我必能攀越峻嶺必能匍匐過森冷的鐵幕，預言所有孩童必須學會辨別榴彈與馬鈴薯那樣撵給敵人那樣留下乾嚼。

故鄉水聲在划動的竿槳中逸去影子照片都無謂爭吵，你走時連汜濫的憧憬也濯盡。雨打閣樓青青童歌杳然

其三：印象

馬嘶古堡前，千百年來必有戰爭驚悸沉落的雁影，熟透的夕陽沉插在斷垣瓦礫，黄昏便網漫天風沙罩住沸騰的紅球。

夜猝然跌落，傲立的枯枝撐著慘白的雲塊，而雄梟的夢魘磨亮月光，想子夜時必

有一股淋漓的感覺沁透餓饉已久的心房。

將軍你無須悲慟那支墜入窀穸的令箭，他年你鏗鏘的戰甲彈落錚錚的風霜，那深鎖的神態早已凜立成衆人膜拜的像。

翦絮篇

那群日日求愛的蜂蝶竄亂得我分不出誰的吻痕最深。

碧果畫作

終竟你驚覺較山水更厚潤
更跋涉不盡的
一張簾
是悄悄挨近的
死亡

簾

帘幔盪漾
不如雨珠串掛的
淒美
最感人是用淚水盈成
那片廣漠的蒼茫

久錮的心
怕從罅隙中漏入
自漫漫路途排來的秋
急急敲打
經年蕭瑟的斗室

謠傳春天不懂叩喚
比起揮別後便杳然的手
算是孤寂中的關懷
至少，你可隔著一層心事
聆聽種籽爆裂
百花迸放的聲音

終竟你驚覺較山水更厚潤
更跋涉不盡的
一張簾
是悄悄挨近的
死亡

樹

幾番掙扎

滿樹繁花搖響的悲歌
瀉落如泉

在季節的盛衰裡匍匐
俯看神采飛揚的路人
竟會沿途滋生霜鬢
驚惹秋色
早來

庇護巢穴亦被群戀憐抱
世事何嘗不是相互愛戀

取暖

訪

幽山古寺

一方池塘
盈著廟堂靜肅的倒影
錦鯉汕汕
無浪花亦無夢想
悠閒自得

毿毿垂柳
便在此困住一個小小的春天
千百度尋覓
竟發現永恆繫在

讓你驀然顧首
喈喈鐘響
磋昳的夕陽被山嵐蒸得陰森
歸路與膜拜的心緒
一樣渺茫

晨　起

鮮明的夢
被初昇的朝暾
與雞呼的拔河聲中
拉斷

飢饉的倦意
餐過一夜的星辰風月
仍有點昏厥的
眷戀那無法在白日泛濫的情愫

每次，暖烘的被窩
總匍匐著相同的思索

醒或不醒

夏

敏銳的陽光
叫醒枝椏每一隻蟬
而蟬卻叫不醒
在樹蔭下舒伸的
每一個夢

荷香已被蒸得
同夕陽一樣
醉人
然後悄悄的搧動
酩酊的蛙鳴

風貌

雨季
誕生自我偌大之憂鬱容貌
以未有倦意的雙手　伸延
擎起一天青雲
餐宇宙的氤氳
清涼

黃昏　我遂摺起臉上的
皺紋
休想從穹蒼的衣裳覓到
那曾被攆出的彩霞

於是有很多愛情的悲劇
鐫刻在我哭泣的淚季

風花雪月

風

裂日在你冰涼的肌膚蒸發那失傳的故事，想妳千萬年來如斯潔瑩的未曾裸露過的，如今霉得可以扼出秋息的流體，我不禁想鋪展你於豔陽的午后。

晚來我俯吻你恍姿的玲瓏，你竟多手糾我一把長髮紮住月之光華，你貪婪的抱住滿天星星但抱不住雲那個浪子，他是朝朝同你洗濯煥發的臉龐夜間同你拉下睡幕且他的沉默有時惹得你發騷便把他翻騰。

馳奔過渺漫的曠野，天亮時你倦睏於我半
閉的床前恰巧搖醒那串啟亮的風鈴。

花

暴雪之后總發覺你躲藏起來的且害羞得有
點發綠的肢體，有時遊戲很漫長你可閒散
的綴飾每點粉

春空是一面燦發的鏡刺得我流淚使我疼痛
的腰背不得不挺直，那群日日求愛的蜂蝶
竄亂得我分不出誰的吻痕最深。

有時我身旁流來一條小溪我方驚覺自己是
如斯好看

雪

我善於製造浪跡

又善於掩沒浪跡

輕如貓步似也能抓破我皚皚的薄膚，北方
的故居古老得蒼白可愛，凡有馬過濺起我
美如浪花，凡有狼嗥我便更冷酷的守住夜

若一隻受創的鳥滴下一點紅，我便癢得吵
醒冬蟄的太陽耀映那朵早開的豔花。
古老的北方啊，我固守住所有春的通道，
我落的是雨是葉是一片扯破天空的臉皮。

月

懸在秋空的黃月更黃
浸在水底的寒月更寒

有時墜在枝椏有時佇立山頭有時跟著一些
醉翁的眼睛旋轉，有時生氣便敲破古典讓

世人看清我的展露，讓世人唾罵李白的天
真，而我瘡痍的相貌是多餘夜讀得陰影。
有時躲在唐詩宋詞令你翻索玩味，我無瑕
的傳說是一盞不熄的風燈。

（台灣大學六十五年度新詩獎）

幽徑

小徑是月亮不小心滑落的彩緞
輕輕鋪在恬謐林間
引來情侶交錯的扶搖
以及一些急急竄過的
小獸

此時憩睡或撿拾銀光
都是很美的
就怕無數斷落的舊夢
泛濫在夜籟之河
泳泅不出
影子與細語都喜歡在此靜坐

或撫摸不再跳躍的時間
似一隻負傷的野兔

而褶褶的螢光
是盞盞不熄的風燈
迤邐在我思懷的
兩端

雨

輕輕將黃昏捲起

窗外那一簾玲瓏的幔幕
跳躍著無數初夜的
精靈
不知在撿拾遺落的星子
抑是在醞釀濡溼的氤氳

思潮匍匐向童時的流光
那陣喜沐冷韻的激情
自心底徐徐
昇起

當霎霎的水響打在多話的芭蕉
我漸成熟的感懷
飲盡這一季的凛冽

花間集

第一瓣

浸過紅霞的花夜夜醉成雜遝給風梳得柔貼的。

我是峭壁唯一攀途引你越過沉沉的冬蟄。三月的春便暗暗在斜坡繁植起來。鳥聲摺我多姿的軀體，吹響號角羨妒的雲彩猶想掩住我底嬌憨的笑靨。

當綠蓆捲一陣萎縮的大地後
我本蒼白的臉
吐出一滴血

紅

第二瓣

我濃郁的幽氣孃困蜂蝶的觸覺。凡傾倒我
懷裡便日日甜眠，衆生皆是多情浪子怎知
苞外陽光跳躍怎知我泛濫的得意碰醒遠鄉
小小的驚喜。

不信且看我在水中托住繽紛的葉及投石劃
破水面時的裂笑

我本微暈的臉
吐出滴滴
涼意

第三瓣

吹落如絮的彩麗冠我儼以叢族的國后。看

瀰漫的春在蓬勃之邊緣膨脹。偶然我懶慵的手垂下池旁，水族便忘卻祖先的遺言。釣一塘雀躍
漸漸上昇

沉浸過久山靈水氣的，我豐腴的展姿拌住了嘮叨的墨客，喃喃的情話猶以擎住日歸時的羞赧。

我本涼意的臉
吐出層層
嬌熟

第四瓣

夏未趕來我已聽飽畫眉的婉囀。浮滿雨珠的垂姿，想蜂蝶若醉若倦。每每雨後我總羞對一池鏡色，勿留戀我如我留戀春春留

戀金風的大地。

凡躐過原野的皆蒐集殘凋的百態，再無人
懷起我的風韻　　而
我本嬌熟的臉
今是一框失意的
標本

西門町

黑壓壓的遊魂蕩上了瘦窄的天橋，又迅速閃穿過已放下生死柵的鐵軌，跨越狼吞虎嚥的馬路時，衣服貼擦著隻隻緊身巡梭的車子。

然後，寫意的眼光掃瞄淋漓的櫥窗啶皆的繁華裸露著五花八門的媚態，而最原始的慾望從經過扮飾的敏感地帶泛濫，惹人難耐的高貴啊！可使陌生的心靈火速呫嚅。

將真實的身份壓藏在連自己也遺忘的地方，這匹年代，整理表情較整容更管用，誰有耐性蠡測已沉澱的本原，光滑的肌膚，燦麗的佩飾，一張笑起來便凸不平的臉，就足夠使你膨脹的活下去。

一群掛著麵條髮型的高中女生，剛插進嘈雜的餐廳便倉猝的遞派蟄藏在書包裡的香煙，莫名的禦抗跟隨起伏的鼓樂騷動，而瀰漫的氤氳擴散著廣漠的迷惘。舒適的交易囂張爪勾踽踽的過客，其實，這裡依人的窩比親情還溫馨，就忐忑的陷入一個騷癢的春天吧。

打從流行拍賣場廉售品以及泳禮服與展示的女郎同價，我便偏嗜攪拌澀澀的咖啡消磨炎夏。

早寒

根根寒流
驟然刺醒在屋頂上懶慵的貓
低壓的夜
緊毗著屋內取暖的光火
萬物仍在靜謐的流息裡
窸窣的活存

思維似一雙皸張的手
只想依縮在被窩裡互相揉擦
一些相對性的事感
甚至愛與恨
淚光　歡笑

都得到滿意的詮釋

公園黃昏

舒適的黃昏竟切落
一盤迷茫
左邊童嬉追逐無憂的世界
右邊耆老玄思未知的歸宿
我的冥想在中間盪鞦韆
顧首是陣陣的傷逝
盼前更是步步驚心

夕風柔和剖割散步的心情
慵倦的臉譜展露
千百段平凡的軼事
無法醒悟存在的無奈

猶似初夜後形成的影子
清晰卻空虛

墜入如斯淒艷晝與夜對決的搖籃
擁抱詮釋無常最貼切的
景象　驚覺浮生只是印證
各種節日的喜怒哀樂　以及
生老病死的焦慮與難捨

懷情篇

妳漾著的笑渦是山澗液動而來的冷泉，捲起的鳥聲宛如午夜流箏清脆，日日我輕佻的手舔撫妳泫然滴的香馥盈一掌之憐惜。

管管畫作

而歲月正年輕
我們學習醞釀一點愁緒戀愛
企盼將伊人的秀髮梳撩成月上柳梢人約黃昏的落日，
是一顆紅透的柿子，似我早熟的情懷

髮

妳漾著的笑渦是山澗液動而來的冷泉，捲起的鳥聲宛如午夜流箏清脆，日日我輕佻的手舔撫妳泫然欲滴的香馥盈一掌之憐惜。

莫將心事糾纏根根斷腸
妳一把柔意鞭韃我舒適的疲憊，請覆我身讓那幽幽的溫馨滲透羞赧之心房。

寂寞似雨後落花，妳半掩的垂簾深鎖少女卸妝時的恣姿，對鏡話紅顏千絲萬縷淘盡柳眉檀暈。

若有酒色想妳必醉成落日紅霞，幾度東風怎耐相思濃意，那撩亂的舞影裂似朵朵傾瀉的杜鵑，浪客便枕成一春闌珊久久未歸。

（台灣大學六十六年度新詩獎）

微恙試筆

發白的日頭照舊
鞭韃沙丁魚般的巴士
想及上司的臉孔
是一枚沉甸甸的鎳幣
而老師們仍以隨堂抽考
收刮昨夜被月亮逼得啜泣的
童真
車未到站
心緒早已
下班
放學

偷偷吞了兩顆感冒藥
家人不知道
（昨晚加班到小偷出巡的時間）
老闆更不知道
（累積的文件與嘈雜的電話
擋住隱隱的咳嗽）

摸摸額頭
似一盒熱烘烘的便當
挨過晌午
又被冷氣吹成冷飯般
碎脆

再焗兩小時煙霧浡滃的會議
打卡時
還靠羸弱的夕陽
扶我一把

典藏年代

冬暖的陽光滲有童年燃點起鞭炮的味道，
那時每一根神經髣髴張貼的春聯與符般喧
嘩到處雀躍春神的步履
而歲月正年輕　我們學習醞釀一點愁緒談
戀愛企盼將伊人的秀髮梳撩成月上柳梢人
約黃昏的落日是一顆紅透的柿子似我早熟
的情懷

那個年代沒有過多累贅的雜物整理或擯棄
一如沒有悔恨的情緒必須撫平
而歲月正年輕　而年代尚古老我們流連在
鼕鼕鼓聲舞獅飛躍的集市裡陌生或熟稔的

臉孔無阻人性純樸的穿梭廟會的膜拜不須
挑剔衆神揣測股票的起落情慾的怨懟或權
勢的浮沉

貧瘠的祝春紅包膨脹著單純的願望一場電
影兩本漫畫數顆彩色的糖衣便足以餵飽這
隻跚跚遲來的年獸最多加上竄流在街衢裡
的骰子便將過節的氣氛吆喝得熱騰騰

有些童歡藏匿在屏風後捉迷藏有些紅簷的
鳥兒正啁啾尊老長者此時更顯威嚴的娓述
家譜舊事冷不防冉冉柳絮騷癢出的噴嚏濺
灑成臘月梅香盛事

而歲月正年輕　　而春正料峭

十四行

今夜我們無話
妳一茗釃茶
輕輕似愁的轇轕
痛纏陌生之心門

何時你竟學會伴星伴月及伴著
少女的裸露
斜落的淒迷的霧季
誰會猝然揭起妳羞赧的面紗

女孩，風景線的晚色很寥落
若星是妳晶瑩的淚

可有幾許歸人
憩睡在曠野之記憶上
那季秋，我想著欲綻的芙蓉
展在迢迢的僻鄉

情人的臂

給P

情人的臂是一道引你朝奔的虹霞，輕輕摟住黃昏摟住妳柔然的依偎，就讓急喘的呼息吹漲了夜，讓粉紅的月色挑逗著無數眷戀。

想在柔輭的溫馨裡睡一個冬，或昇華愛的綺夢。不知風緊擁抱緊

風泣別離泣

瑞雪散後，春雨是淋漓百花的雀躍，抑是葬送那未成熟的嬌豔。明天是一條未知聚

散的路，趁今夜月色寒涼，趁我們握手仍
有溫流，就讓我們在微亮的光暈下互綻笑
靨，勿問這是淒豔還是忍泣，明朝

明朝或許我們會崩潰似一條決堤的河，就
攜這種心情去感受雲煙的逸逝，衆多幻影
驟然碎落，但如何沉澱那刀割的心坎。
愛情是一道可口的甜品
但勿過份狼吞

失眠

只一隻蚊子
便擾得我子夜的斷夢
縱橫碎貼

誰說此刻讀月最瀟洒
心事如我無法舒伸的疲憊
一樣難纏

深色的燭焰
何時才燃足一個太陽的光亮
替我逼出黎明

當我死後

當我死後
葬我於長江與黃河之間（註）
讓晚來的風嘯和浪吟
伴我的精靈激昂
伴我的熱淚揉入故土的芬芳

當我死後
讓我舒伸如親暱的海棠
讓我的鮮血淌野花成玫瑰
若邊塞的烽火頻起
就記取隋唐或三國
英雄才子仍會臥下

臥成祖國的圖騰及
萬民的膜拜

當我死後
讓我遺忘戰爭與佳人
曾割據中國滿臉痍痕
曾泯殺宮庭幾卷刺客的野史

當我死後
讓我魂遊姑蘇或洛陽
目瞥西施與貴妃的容顏
是如何傾倒一座城
及君王燻燻的醉姿
如今，她們的窀穸仍然年輕
年輕得如一支蝶舞
迸我的雙眸成古典的幽思

當我死後
焚我的詩册於狂飆
然後誦讀成悽悽的輓歌
那裏有我髫年的嬌憨
和一次小小的戀愛時
那種羞赧

當我死後
情人，撫我雙頰以妳
纖滿緬懷的纖手
覆我的臉龐以妳散髮的柔柔
柔柔得如我躺著的靜
那夜，當妳懂得讀月亮成
一首旖旎的詩章，情人
這便是我寫下的遺囑
溶妳的影像於恒古

當我死後
枕我於唐詩與宋詞
邀我以李白和杜甫
豪飲長城下
然後細數千古英傑
誰解遊俠情

註：句取余光中，不敢掠美。
後記：國慶靜夜，翻讀舊籍，感千古英才，叱吒風雲，創蓋世之業，立不朽之功，然後一死，逝似曇花。吾嘆人生之有極，命同蜉蝣，乃成此詩。

那年

那年，沒有電視的晚上卻被祖父的掌故帶
我們走遍大江南北，在夜幕深沉月光淡涼
的飯後，便開始細數家譜裡的每一張臉，
他們是慣於乘荷風聽樹蟬度夏的。

傳統如同皺紋般美好的被尊崇著，而將謹
守著善意的固執便傳宗孕育一代又一代的
新生，除了情緒激昂的長江黃河，一切的
風景都不會改道，凡墨守舊典成長的都是
乖巧，甚至值得禮讚立碑。

那年，走離一座山一條河便是一層鄉愁，

異域的輝煌繁衍不如一片死吻盤根的落葉。外頭凝重的霜氣是不宜我們長年奔涉不歸。

鄉鎮與都市一樣以蓊鬱的綠意映照多夢的眼簾，雞蹄犬汪鹿呦是最和諧的喇叭，高興時便攀樹摇風沐雨追雲，不然就跳落未被油汙染肥過的溪水。在遥遠的。那年。站在比林木還稠密的人群，穿過倒影比高山還巍峨的大廈，聽著比鴉叫梟嘯還不祥的嘈音，對著比魑魅魍魎還要殘毒的笑臉行禮。我在想。遥遠的。那年。

情

情
是夜間最猖狂的小偷
竟竊去我藏在
心坎的隱私

趁月色不覺
妳收集所有暗香花影
誘我泛濫
初熟的夢

誰唆妳多手打開
那樽陳舊的慾望

害我狼藉痛飲
卻忍不住漏滴相思

這是唯一不能玩弄的火種
焚創你千萬道
不癒的傷痕
而卻將忐忑的慕意
柔撫得最貼服

夢

還好有夢
不然苦短的人生
更加苦短

還好有夢
讓甜酸苦辣的生活
更加濃味

還好有夢
衆多未竟的遺憾
可以圓願

還好有夢
轇轕熾燿的七情六慾
換個結局

還好有夢
謊言真理情話怨聲
相依齟齬

還好有夢
故人情人情人仇人
均來蓆坐

終有柩車行列緩過
驚覺醒時殘缺的浮生
亦一場夢

賞月

你果真瀟灑的
飲下一杯月色
誰能似我
早在千年前的中秋
便了解你泛濫的心事

今夕，莫問我繽紛的神話有詩有酒有一面
古典的銅鏡
歷史也不過如此
等待一些俠客擦亮
龍族的子孫是最懂得醉的

不然，你教我如何對影
乾下那一壺家鄉的
思念

賦懷

給P二十歲誕辰

不小心傾瀉夢源，注入妳阡陌的心田。春天未來，愛情的種籽已滋長成一棵能聽風掛月的樹，夜夜撫著我影子的喜悅。

當盈漲的太陽忍不住將殷紅的汁液噴濺妳的雙頰，黃昏的神話便濃厚起來，夜，靜悄悄的收摺疋疋霞雲，直到你的眼神凝成星星的禱語。

溪頭是一幀多霧的畫，繞困住情侶的誓言與囈語，偶爾也漏出幾聲竹籟，引誘雙飛的鳥兒，展向那轇轕的叢林。

落雨的夜，縈念似暗角繁殖的青苔，妳的影子是我陰涼的住所。有時荒蕪的感覺最能衍生強烈的擁有，夢亦如斯。

秋喚醒我這是遠行的時候，未能將燭光燃點妳雙十的誕辰，就讓它溫暖我過路時的寥寂，免我的情懷傷於白月的殺戮。

你的風髮長不及千里去讀我異域的足跡，背袋的歡笑已漸漸用盡，而妳的信札未來，教我如何焚妳的影像取暖。

若妳仍惦念童年，惦念布熊與洋娃娃，那我將倒出滿袋的詩歌與琴韻，那是寒夜最佳的良餚，只需兩顆愛心便可煮熟，夠妳從裊裊的餘韻與錯落的音符中重餐那失落的驚悅。

今夜，夾著冷露的歌聲與祝福是一幕動人的美景，若能飛渡雲山，就等我趕來捻熄所以的燭光，勿讓紅淚無數惹我欲去不得。

像童話的傳奇，當妳從衆聲的歌讚及滿足的懷念中甜睡，我悄然歸去遥遠的天國，等待妳另一次依窗的呼喚。

情簾

給P紀念邂逅兩週年

1

怎麼東風撫不長妳的烏髮，怎麼群蝶繞翔妳的衣裙，怎麼春色不老，怎麼妳的童韻不減。

而妳卻漸長成招搖的柳，偷惹路人側目，行雲停駐。今年，該是妳情札豐收的時刻，擦亮母親的粧鏡，雙頰塗上月色，以便在夜裡薰醉我西窗的寄語。

戀愛是一篇讀不倦的詩，頻在夜半同妳款

款的倩姿展露在我乍醒的夢域，此刻，怕妳楚楚的眼神如玫瑰刺破我含苞的情懷般急遽。

2

迤邐過兩個春天的驚異仍在心中滋長，不知是初識的渴望或是爆紅的百花舞弄，我輕步去掀開妳編垂的情簾，妳嬌羞得似躲在暗角的影子，害我只好用夜色將妳憨態漸漸引出。

引出妳的風采讓月羨，引出妳的雙眸耀星空，更引出我久藏的心，掛成妳胸前的瓔珞。

是妳捕捉我的詩還是我的詩捕捉妳，從星晨稀落到夢鄉甜濃，妳的笑靨是一束不熄的火焰，燃成我舒適的掙扎。

不知愛情是否在秋季成熟，那時我們蠕動的情脈已經融成一條永恆的河，在茫然的星夜裡靜靜流著，隨起伏的呼吸………

習字

墨香跟著玲瓏飛恣的手舞得汗水淋漓，那
根傲骨峭直膚色蠟黃的筆幹被暗流的指力
逼得欲休不能

竟然咳出滿紙牢騷

滿袖乾坤瀉出竟是隻隻汪汪的落影，半推
半就，來去自成磊落的神情

趁緬懷盈盈反正多潑一點河山亦無傷感，
總要讓那匹古老的泉瀑爆裂水響

然後又耐心嚼磨剩餘的美德

導讀篇

管管畫作

一聲冰爆　春流滾滾

——讀《生命是悲歡相連的鐵軌》有感

羅門

詩友方明來信，希望我為他詩集《生命是悲歡相連的鐵軌》寫這篇讀後感的短文，後來見面時他希望我能多寫些意見。我目前雖忙，但看到方明為事業停筆多年，事業有成，反而更熱愛的心境，確使我一生站在以詩追蹤人類存在終極價值的意向中，有所感動，加上早先的情誼，我只好答應下來。

首先我必須說，作者內在生命結構的磁場，很可貴的潛藏有接近「詩」的天性，以及對詩有真摯的不可磨滅的感情基因，那非一般詩人所持有的，即使他也封過筆，但那只是現實時段性的冰凍期，當內心響起一聲冰爆，春流滾滾，詩無邊的曠野上，「悲歡相連的鐵軌」便伸向遠方再度通車出發！

在此次詩旅途他規劃的五個驛站中，每一個都共同有一個特別吸引人的特色的感覺——那就是至為純摯、貼切、細微、於敏悟的知性中，溢流出超乎常人的「深情」「深意」，他虔誠的生命與心，也生機勃勃的同詩情詩思都一起的自然「到位」，並同聲説出這是一次有「真情實感」的詩的生命與心靈之旅。

在第一個驛站——〈戰爭卷〉詩中，他是身歷其境，曾踩過流血的彈片，曾用淚沾吃麵包的流浪的鄉愁苦憶，帶著當時的「存在思想」，在詩中嘶喊人與世界存在的出口：讓戰爭帶來的苦難景象，在詩中都感嘆與悲憤不已的活現在世人與上帝的面前。

在第二個驛站——〈情懷卷〉詩中，那近乎是一座「抒情」的多弦琴，他沈迷的撥彈著人生、夢幻、理想與年青時代求學的寶貴時光……等的詩主題樂章。當中泉水般流溢出溫婉、馨香、精麗、絢爛、豪放、迤灑、纏綿、淒美、迷離、低迴、悱惻、幽怨與慨嘆……等情深意濃的情意，看來形似「情感」美麗世界的大總匯，給所有多愁善感的有情人享用，不必喝酒，也有醉意，醉的是心。

在第三個驛站——〈馳古卷〉詩中，他揮掉時間歷史的塵埃，讓過去的朝代、人物、文情與景象活現在詩中，無論是「荒漠殘照」、「西風瘦馬」、「十載寒窗」、「五陵少年」、「李白的豪氣」、「文天祥的正氣」、「李廣的臂胳」、「木蘭的花槍」、「神州的斷霞」、「岷羅江、玉關、嘉谷關的英魂」，乃至「青樓妓院」、「昭君的琵琶」、「蠟燭垂淚」、「亂紅飄落」……等這些古色古香的千景萬象，都在他飄逸、瀟灑、婉約、清雅與充滿情趣的筆下，一一醒動與浮現在翊翊如生的記憶畫面與詩境中，引發無限的追懷與思念。

在第四個驛站——〈剪絮卷〉詩中，他以敏動的感覺與心思，情致纏綿、幽閒自得的飄逸過大自然的風花雪月、移變的四季、流連的光景、煙雲的變滅、百態的交感……，而引發內心在愛中，對生命所噴射的多彩多姿的情意，以及在夢與想像中，所展開亦真亦幻與恍惚迷離的幻境，都籠罩著至為纖細、綿渺、清雅且玄妙、迷人的美感。

在第五個驛站他〈花都卷〉詩中，作者將多年來住在巴黎的見聞與內心體認，用「詩」旋動畢卡索三六〇度的掃瞄鏡精要的掃瞄進來——包括巴黎的歷史朝代、宮庭古蹟文物；包括羅浮宮、聖母院、龐畢度；包括歷代英雄進出的凱旋門、傲視現代文明的巴黎鐵塔，運著人類浪漫記憶的塞納河；包括各別苗頭的歌劇院與紅磨坊，不同路的聖女貞德與酒女娼妓；包括給巴黎三溫暖沐浴的香水、紅酒與咖啡，當然也包括帶著名畫進入巴黎的達文西與畢加索等大藝術家與法國大文豪雨果，把巴黎鍍上世界最亮麗炫耀的文藝光環……這些內內外外五顏六色的精點景象，不但在方明詩中，將巴黎「花都」交映成全世界富麗堂皇、最具藝文氣質與誘惑力的「觀光大拼盤」，而且活現的天堂與地獄也對坐在那裡；同時特別蒙上梵樂希的朦朧美與有意無意中閃動著波特萊爾從陰暗中投射過來的一道頹廢幻滅的悽光，使巴黎經驗在詩中，又多出一層令人迷思相對於華麗的灰色美感。

在概要掃瞄方明五卷詩中多樣且繁富的書寫內容過後，下面便是概要來談他藝術表現上的策略與理念意圖。

㈠方明不屬於當前流行的「後現代」創作體系詩人，他的詩一點也不「流行」，也不隨便與任意的扭曲與顛覆，倒是流露著相當幽雅的人文情趣與品味，仍保有現代詩以往正常可持信的思維脈胳與朝向情思深度有秩序地擴展的訴求形勢—也就是不放棄現代詩特別注重精彩「意象」強有力的放電性，使詩境發光。

㈡在詩人離不開「物象」與「心象」所構成詩創作的雙軌上，方明所展開出詩的境界與景觀，他採取的不是一般的「寫實」，也非全是現代藝術所強調的「抽象」表現，而是較偏向「新寫實（NEW REALLSM）」，使詩所呈露的物景情景，均經由抽象過程，獲得更多的能見度以及豐富度與新的形質美感，而在真實中具現出另一個更迫近「真」情「實」感與吸引人的「真實」。

㈢方明大部份詩以近乎詩詞的「散文」技巧，獲得其利的，是使語言在操作中，有更大的舒放、舒展與舒暢度，於揮舞中，能舞出不受制約的更多變化且自由自如的美妙姿態，同時可喜的，他仍堅持住不像有些詩人用上散文技巧，便向散文投奔自由，離開詩而去，顯然他是在「散文」體的語言中，注射有詩（意象）的質素，同散文仍有界線。這中間也凸現方明在人類「水平」與「垂直」兩大創作智慧基型中，他的詩語言符號，雖偏向「水平」的廣度描繪，但也具有「垂直」所指向的深度與高度，後者正是詩特別想要的，因為詩要求思想與精神的境界，境界除要有「廣度」，更要有「深度」與「高度」。

㈣我認為方明整本詩集有一個較顯著的特色，並使我們產生追索性的推想，那就是他詩中不少「意象語」是「古詩」與「現代詩」交配成具有新機能與新活力的詩品種，有如：

「讀到月落烏啼……我胸前的瑰玉是一幕黎明」

「還有什麼比蘇武的鞭節更耐冷……比昭君的琵琶更幽怨」

「熱淚似蠟燭，垂灑一地豔紅……」

「借一把風一把江煙……縱有落水銀花美如散髮……」

「滿腹經倫焚成野話……」

「蕭冷的夜色……液動的秋氣……郵票貼不住的思念我一弦琴音一東詩愁……」

「炮火的紅焰使太陽頻頻失眠」

「斑斑皺紋，像一疋阻路的海希望在對岸……」

「擎起一天青雲，餐宇宙的氤氳……」

「春空是一面鏡，刺得我流淚」

「懸在秋空的黃月更黃，浸在水底的寒月更寒」

「瀰漫的氤氳，擴散著廣漠的迷惘」

「妳的影子是我陰涼的住所……夢也如斯」

「寂寞似雨後落花……若有酒色想必醉成落日紅霞」

「東風摸不長你的烏髮……迤灑過兩個春天的驚異仍在心中滋長……」

「走離一座山一條河便是一層鄉愁……」

「有詩有酒有一面古典的銅鏡……等待俠客磨亮」

「深夜的燭光，何時才燃足一個太陽的光亮，替我逼出黎明」
「妳收集所有暗香花影，誘我泛濫……」
「當我死後，枕我以唐詩宋詞，邀我以李白杜甫」
「將文藝復興鍾鍊成一幅精彩的圖騰」
「這個世界的旅客更短程……」

從以上抽樣的這些具特切的個別「意象語」，除可看到詩語言在交響與互動的剎那間發揮思想高涵量的積存屬性與效應，同時可發現它們是的確活動在同古詩仍或多或少有血源連線與鼻息相通的語言空間中。當然更為主要的是讀他集中的不少詩作過後，尤其是〈馳古卷〉與〈情懷卷〉，內心中盪漾著源遠流長的歷史文化香息以及翊翊如生、纏綿蘊藉的古典韻情風趣，如此的濃重與富感染力，當它光臨「現代」與「後現代」機械文明聒噪的場域，看來是何等漠遠陌生又似曾相識的情景，能不令人低迴而感慨萬千，並且頓時也驚醒在內心「第三自然」全面開放的生命世界中，站在過去現在與未來的時空連線上，以整體觀來看曾美過的「古典」與波瀾變化百態橫生的「現代」、「後現代」與後後現代的「新的現代」。它們不同的美法，此刻都奇妙的在無所不在的「詩」中與「美」中，獲得不同的「美」的解讀與不同的「美」的存在。

最後我想附帶說幾句，這篇文章，在論談中，只是對方明這本詩集的創作世界做重點性與概觀性的透視，給他表現傑出值得大家重視與激賞的部份，予以應有的肯定（不做細部的推敲），並祝望他有更美好無限的創作遠景。

那是一種現代味的唐詩或離騷

管管

讀方明詩，方才明白，詩是可以方可以明可以圓可以暗的，可以以把詩寫的一句一句長長的，像是一串要登上梯子才能吃完的葡萄，那種葡萄美酒夜光杯的葡萄，唐的葡萄。他寫的是現代而用字典雅如碰上離騷一點點，碰上漢賦一點點，還有一點點魏晉。他的詩句特長意象套著意象如一串串魏晉。他的詩句特長意象套著意象如一串串各具特色色彩鮮艷的瓔珞珠璣，這種句法最近特流行，但他早就寫了，他的詩型像散文詩之建構，又非散文詩之語法一塊一塊的似一種詩蛋糕，古典、浪漫、現代和美酒的味道，魏晉的味道，熟讀離騷多飲酒的味道，屈原披髮行吟的味道，李賀騎驢尋句的味道。

最喜讀〈馳古篇〉使人一下子走進那麼醉人的《瀟洒的江湖》。抬頭與李白撞了滿懷又一腳踏進秦淮的〈青樓〉。也喜〈戰爭篇〉，那〈書生〉自〈深宮〉走上〈古道〉〈訣〉別后就〈破陣子〉他是越戰受害者，所以他對戰爭〈感覺〉有三篇心痛，看了他的〈戰爭篇〉你會更怕戰爭尤其在〈毀約之后〉。這首詩造型獨特內容就特獨了意7象句法內涵尤使人難釋。人類賤就因人類之戰爭賤！

〈懷情篇〉我喜歡給尹的三首，〈典藏年代〉跟〈那年〉，很迷他這種呢呢喃喃剪不斷理還亂的長句子。

不敢不喜〈翦絮篇〉這裡的〈花間集〉「風」「花」「雪」「月」皆是精品。海外華人該是必然對故國有蓴鱸之思吧？讀方明詩與方明交讓我想起一人，就是董橋的文章，看董氏文章略知董家在海外是很老中國的書香門第，而且是禮失而求諸野的書香門第，方明的學養人品才是書香門第之真品的翩翩公子，這是管見窺豹而已。

美與出神的交會－導讀方明的詩「懷情篇」

張　默

方明創作詩齡甚長，七十年代中期在台大讀書時，曾以〈髮〉一詩榮獲台大六十六年新詩獎。一九八二年爾雅版、筆者主編的《感月吟風多少事－現代百家詩選》，曾選入他的大作〈簾〉、〈早寒〉二首，該書出版後曾風行國內外，從十幾所大學中文系選為現代詩教材。

作者離開大學後，為生活奔波，遠赴巴黎經商有成，曾有一段長時期停止詩作，數年前回台，重拾詩筆，佳作不斷，因而有這部詩集之誕生。

本集為作者個人新舊作之混合紀念集，並以題材區分，本輯「懷情篇」，收詩作十四首，大體說來，應屬中期的作品。其中〈賦懷〉、〈情簾〉、〈情人的臂〉、〈髮〉、〈典藏年代〉、〈那年〉等六首，採散文詩的形式，抒發個人對美的追求與神往，其中不乏巧思與令人擊節的意象。例如一溪頭是一幀多霧的畫：引誘雙飛的鳥兒，展向那轇轕的叢林。一賦懷戀愛是一篇讀不倦的詩……一情簾請履我身讓那幽幽的溫馨滲透羞赧之心房。一髮那年，累域的輝煌繁衍不如一片死吻盤根的落葉。一那年

方明創作散文詩的手法是：儘量以散文的靈動語言，但他懂得「約制」與「壓縮」，在必要的段落，深刻契入，創發一種意料不到的玄想。如〈情人的臂〉結尾：

愛情是一道可口的甜品
但勿過份狼吞

而〈典藏年代〉，他則十分規則地每則十四個字，區分四段排列，不時在中間打散、停頓、空格、參差……，以覓取詩的歧義之無限延伸。其他八首，則採一般詩創作的形式，其中〈賞月〉的愁緒濃深，借用作者的結語，確確然是「龍族的子孫是最懂得醉的，不然，你教我如何對影，乾下那一壺家鄉的思念」。這一畫龍點睛的結局，令人拍案。

〈當我死後〉，開篇引借余光中「葬我於長江與黃河之間」的名句，之後，他則一氣可成為個人的詠歎，末段的：

豪飲長城下然後細數千古英傑誰解遊俠情更是感喟人生有限，不過

命若蜉蝣而已。而〈夢〉的苦短，〈習字〉的奇遇，〈失眠〉的無奈，尤其〈微恙試筆〉的調侃，引人難忘。

打卡時還靠羸弱的夕陽扶我一把愛詩的朋友，請你盡情到方明的詩裏遨遊吧！他多年來培植的奇花異卉，以及力求一首詩能抵達抒情的「出神語感」，不是我這隻禿筆所能描繪於萬一的。

彌足珍貴的業餘寫作

——初論方明詩作

辛鬱

二十多年前，已故詩人羊令野主編「詩隊伍」（周刊，後改為雙周刊，青年戰士報版），方明的詩作就常常現身，那時他在台灣大學經濟系就讀。

乍看，那些詞藻典麗的作品是屬於「書齋型」的，與當時以軍中詩人為主體的，同時發表在「詩隊伍」的作品，有顯著的不同。主編學養深厚，兼擅新舊，現代與古典各型的作品，只要富具獨創性，並言之有物，都經他的慧眼賞識；方明就是這樣被「令公」（羊令野的通稱）發現並推介的。我那時常在「詩隊伍」發表詩作與評介，在初讀方明作品時，就暗自驚異於他的書寫手法之典雅及作品中隱含的情緒起伏之強烈。但我不識其人，更不知道他竟然是一個所受國語文教育並不完整的越南僑生。

後來，方明這個名字在「詩隊伍」中消失了，「令公」亦不知其下落。「僑生嘛！大概學成之後返回僑居地去了。」偶與「令公」談及，他下了上述結論。再後來，「詩隊伍」休刊，數年後，「令公」鬱鬱以終。

方明卻突然出現，他在法國等地遊學，創業一段時日來到台北，事業有成，詩心復甦，他回到詩隊伍來。幾年的歷練，充分經識人生，他一出手就顯示不是弱者，作品中文字更見成熟，甚至有老辣之味，真是難得。但是，這些作品還是「書齋型」的，通俗的說，出自讀書人的胸懷，因此而顯得精雕過度，似乎少了些原始的粗拙與本體的野趣。

但是，方明的作品仍彌足珍貴，因為他是業餘寫作，不是一寫幾十年的專業詩人，我們在品賞之際，似乎要從這樣的角度切入。

燦發的詩心

向明

歲月把人的年華催老了，卻永遠也催不老一顆燦發的詩心。方明在另一戰場打拼得有些成果以後，現在又回到詩的角力場上，立意也要恢復詩心的爭勝。

方明是當年《藍星》詩社所精心培植的新一代接班五虎之一，他們是苦苓、天洛、羅智成、趙衛民、方明。但是當年老大的《藍星》對他們而言僅是一塊響亮的招牌，僅能享受到招牌帶來的餘蔭，卻無法突破這些厚重的壓頂的光華，而找到自己的天空，於是一個個出走。方明走得更遠去了法國，一去快二十年。

台灣詩壇在過去這二十年卻有著非比平常的丕變。最主要的是七〇年到八〇年代的現代主義狂飆已經逐漸沒落，九〇年代的後現代風潮卻又侵襲到這個島上，老的詩人已經精疲力盡，有些甚至理性的回歸傳統；中生代詩人則也不善追風逐浪，謹慎的避免捲進後現代的黑洞；祇有新生代詩人不甘落後，他們隨著網路詩的突飛猛進，一起寫出最新最炫的 *e* 世代詩風。方明雖是從文學思潮一向最前衛的法國歸來，卻沒有沾染到半點前衛的習氣，他仍然是那個二十多年前曾經依戀過現代卻又不忘情於古典的年輕的方明。在詩的回歸上，他面對而今的台灣詩壇，雖不免有幾分驚詫，卻一點也不陌生，因為他會發現當年他所開墾實驗的，而今居然成為新寵。

方明在製作這本集子時聲稱乃個人之新舊作之混合紀念詩集。所謂舊作乃指他在二十六年前出版過的《病瘦的月》，那是他對當時現代詩風的迷惑及尋求古典的狂熱時的作品。在那種新舊交戰的夾殺中，方明冀求將兩者折衷而做了許多形式上的實驗，而且做得很成功。譬如現在很流行的既不分行也不斷句的板塊式的詩，年輕詩人自以為非常前衛、非常新潮，且認為極富創意的在大量仿冒製造，殊不知方明早在二十六年前即已玩過了，而且玩得絕對比現在，甚至比方明晚數年出現的一些精英詩人更大膽，更有水準。無他，此乃方明的文字功力深厚，仍然循規蹈矩，沒有任意堆砌，製造障礙，故而方明的長句式的板塊寫作，讀來仍然通體舒暢，一氣呵成，毫無生澀之感。方明當年且曾經兩度以這種長句式的詩獲得台大新詩獎。然而現在為求新求變求製造創意而出現的板塊詩，他們把文字像丟垃圾樣不加分級的混在一起，讓人真像踢到鐵板樣的痛得讀不下去。

我認為如仍有人願意嘗試寫方明體的這種詩，應該先來學學方明寫這種詩所下的功夫。這是方明出版這本新舊混合紀念詩集的附加價值。

故國平居有所思

大　荒

我國歷史悠久，雖經無數興亡更迭，始終維持大一統局面，聖賢豪傑輩出，創造出深邃博大的文化，受此傳統薰陶的人，稍稍回顧就會發思古之幽情，故歷代詩人多少都寫過懷古作品，譬如劉禹錫的〈蜀先王廟〉：「淒涼蜀故妓，來舞魏宮前。」就是典型興亡之嘆。

方明兄自幼即旅居南越，及長回台灣就學臺大，讀到〈馳古集〉一輯我不免感歎，他是怎樣追慕著祖國文化啊！套他一句話，這情懷就是「上昇的美麗的神話」。這集代表作為「瀟灑江湖」組詩，共分十章：(1)主旨凸寫「故事…流傳在百姓的血脈」，是懷古的原始激動。(2)清明掃墓方式表現慎終追遠，不忘祖德。(3)敬神，以廟為背景，以敬神的形式敬天。以上三章，概括了敬天地畏鬼神的謝恩之情。(4)歌頌蘇武不屈匈奴的氣節，昭君為國而以身和番的委曲，以及花木蘭從軍北征的巾幗英雄壯志，(5)當國家出現昏君就必然出現奸吝，於是出現一群鋌而走險起身反抗的志士，梁山泊一百零八個「多鬚的野漢」，幾乎一嘯而聚，若不以成敗論，彼等正是英雄豪傑的代表人物。(6)以下三章寫空閨的佳人，大怒岳飛，降臣吳三桂，一褒一貶是春秋筆墨了。(9)是詩人與佳人合奏的曲子旎旖浪漫，文采風流，李白的清平調，杜甫的麗人行，貴妃跳過霓裳羽衣舞後宛轉蛾眉，也宛得蕩人心魄而「終必上昇成千古的絕響」。(10)、結束篇是「龍」，華夏的圖騰，毋需多說了。

讀方明這輯詩應當具備古典的基礎，如青樓女子。落第書生，古道上的斷腸人，深宮裏的怨女，離婦（釵頭鳳為唐琬不幸夫婦的抵死纏綿），閨人、沙場戰士，緬懷這些事故與人物，詩人豈能不有感懷，豈能不為之立碑，鑄像、歌之、詠之？

讓我們〈登樓〉吟賦吧！

〈題目出杜甫「秋興」〉

拯救與抵抗

——小論方明的詩

◎白靈

我們曾隨方明去西貢附近的頭頓島，沙灘炙人，陽光熱情得像要把天空都吻出血來。越南淪陷前，耶穌幾十公尺巨大的身影用飛機吊臨島上的山頂，衣袍飄飄，面對整座南中國海，張開祂的雙臂，卻仍來不及俯身挽起戰事，南越還是淪於越共之手，西貢人陷入二十年的黑暗期。方明就由我們饕餮海鮮之海岸小店外的某處，幾回暗夜死裏逃生，展開一場流亡之旅，輾轉去到臺灣。

他的苦，窩在心，藏於眉，艱難迴旋，卻又如夢似幻，經常一架飛機就可以轉換，教他對人如何說起。詩，於是成了他的拯救。這樣的故事似曾相識，「一言難盡」是走過苦難和戰爭之人共同的心境，當地球另一方則是燈紅酒綠時，豈非有如誤踏他人的夢境？詩，這時又成了他的抵抗。

方明的詩好用長句和冷僻字，且經常孤軍深入中國和古典，乃有了絕佳的詮解。他綿長難斬的鄉愁是兩極式的拉扯（一方是鄉土，一方是文化認同），比老詩人更現代版，「痛徹心扉」乃現在進行式的，於是五〇年代的晦澀到了七〇年代的方明若不用奇字和輾轉迂迴的長句將如何紓解？每個「怪字」的出現其實兼含著心理的一種自虐、逃遁、和欽慕，就像溪流碰到漩渦，可以埋藏隱匿他的不堪和難解。遠方的炮火和情思只有打中這些詩句才易熄火。

而原來艱苦的歲月最易被風吹散，像瀰漫的硝煙如今已被西貢百萬輛摩托車的尾煙給淹沒。地下坑洞和白骨仍在，回鄉的詩人和我們這群「戰爭遺跡觀光客」心境是絕然的不同，但回過頭再讀他的詩，心中竟也有種隱而難發的痛。當他說：「毿毿垂柳／便在此困住一個小小的春天」「磋眏的夕陽／被山嵐蒸得陰森」（見「訪」一詩）說得不僅是此時此地，更是任何戰爭的場景；「這四年代，整理表情較整容更管用」說得也不只是西門町，是任何都市殘忍的掩飾；「有時酒有一面／古典的銅鏡／歷史也不過如此／等待一些俠客擦亮」（見「賞月」一詩），偏偏卻又得「對著比魑魅魍魎還要殘毒的笑臉行禮」（見「那年」），「戰爭便如此簡單／是兩個王捋湯翦子的一會事」（見「感覺」之二），人生之荒謬與荒涼豈非莫此為甚？

這時代已無俠客和英雄，只餘抬面下的志工在「抵抗」抬面上的政客，並做著「拯救」地球的大夢；方明的人如他的詩，只有深入細讀，方知其俠情出自古代、英氣來自西方，在法國多年奔闖之後，突然回到詩門，驚覺再度自我拯救和抵抗之必要和必然，其實是本然不移的詩人天性。一如他在「瀟灑江湖」、「青樓」、「馳古三卷」、「中秋」、「黃河」（以上馳古篇）、「訣」、「破陣子」、「感覺」（之一之二之三）、「守哨」、「老兵」（以上戰爭篇）、「風花雪月」、「風貌」、「樹」、「西門町」（以上翦絮篇）、「賦懷」、「賞月」、「那年」、「微恙試筆」、「失眠」（以上懷情篇）、「巴黎夏日」、「巴黎午後」、「羅亞爾河域城堡」（以上花都篇）……等等佳作中所展現的詩的滾動和濃厚，他詩句的冷字和長度極具創發性和銳利度，而且是「非常方明式」的，比如「所謂中秋是圞月把鄰家姑娘閨房的圓牖貼得密透不過一隻流螢」，乍讀像少了斷句或漏字，細讀才得其奧妙，說的是以流螢的精巧和詩意均無法奪取圞月（即圓月）和情萌芽時的光芒，畫面溫馨，畫質密不透風。方明以僅此一句，其實即勝過兩岸數地不知多少詩作，如此詩人回轉詩門，豈非詩壇快事一樁？

方明其詩其人

羅智成

暑假，方明匆匆來去於台北、歐洲、香港、越南之間。

當他在台北的時候，我們常窩在冷氣房裡聊天。像兩個被濾除了有趣性格的都會中年，我們以直接、簡約的語言談論著平俗、細瑣的話題。那是十分遠離詩的時刻，但我們舒適而慵懶進行著這日常生活的角色。

那是十分遠離詩的時刻，但是我們信賴而熟練地溝通著。我們的默契來自於我們都算是某種秘密結社的成員，或詩美學的終生會員，並且在性格中永遠刻劃下對年輕夢想的珍惜與堅持。

不論談的是甚麼，我們深信不疑的是，我們談話的對象，仍舊是我們對彼此繼續保留著的某個延續已久的印象中的，那個人。

憑著這個印象，我就會繼續以為：方明仍會不時地走到心靈的地下室，回到那陳舊的殿堂；在彼，他重新又是一個孤獨而富足的越華青年，在困蹇而受限的現實環境中，靠著對某個更豐盛、輝煌的世界的恣意參與，靠著對某個幾乎永無法觸及的文明盛世的熱情憧憬，創造出理想的自我形象，同時引領出在現實世界中的堅實步伐……

這個填補著他存在的價值、充實著他孤獨的心靈的世界，叫做「中國」，一個在那時的現實世界裡幾乎找不到太多痕跡與線索，在方塊的漢字裡頭卻無時不在、無所不在的文化理想國度；一個充滿豐富典籍、無數傳奇，充滿精采人物與可歌可泣的悲歡離合的，最壯觀的舞台；更重要的，一個有著太遠的距離、太多的空白得以讓年輕的想像力去恣意塗抹、揮灑的創作主題……

少年方明於是透過各種古典的意象、繁複的典故、深情的語法、詠史的情懷，進出於這個對於多數華僑子弟都視為須彌聖山的神州故國。為了與他所翱遊、勾勒的廣闊時空相襯，他也努力不懈地為自己裝備了貼切的角色與觀點，透過了對文字的組織，搜羅與創造。

所以，我們時常看到方明駕馭著那有著濃濃古中國味的現代詩句，流浪於虛虛實實的中國論述之間，既像向上下以求索的楚屈原，又像在幾千年的歷史中航行的尤里西斯。

每次看到他清瑩又略顯疲憊的面容，我總懷疑他是否才從那永恆的江湖歸來，或至少，從那地下的聖殿上來……

這是我在大學時對方明的印象。那時，我們正籌劃著台大詩社的創辦。我們，還包括廖咸浩、楊澤、詹宏志、天洛等等，正決定把每個人內心中的某些烏托邦基業搬到椰大道上曝曬，並為此爭執著、創作著、忙碌著。那時，方明就像現在一樣。總是勇於投入、拙於抬槓。他熱誠專注地做著他喜歡的工作，並漸漸把某種盛唐文士的風采穿戴在作品與性格上了……

亦俠亦儒的方明隨後在歷史的大變動中改變了追索的方向。先是越南淪陷、華僑遭殃，他得生活內容與方向都被迫做了改變，寫作的主題與心境也不一樣。不論是對亂世的悲憫感嘆，還是思鄉、思親或身世之感，這個階段開始的方明對現實世界做了更深、更廣的正面接觸了！透過詩作，我也凛然地發現方明在思想上、才華上更多的樣貌。在此一時期的作品，特別是「感覺」系列三首長詩，深刻刻畫著越戰的殘酷與家人離散的傷痛，他用迥然不同於早期華麗風格的紮實意象、精準的語彙，一句一句描繪著有關戰爭的貼身苦痛與深刻思索，力道十分憾人，不但讓我對杜甫式的詩情有了更真切的體會，也對在越戰當年有意無意迴避掉的歷史與真相有了更迫近的認識，我甚至在想，當美國人和越南政府都刻意忽略淪陷前後當地人民的心聲時，方明這方面的詩作在詩史上的意義絶對被嚴重低估了！

緊接著方明的詩作顛峰期的，大概就是他一直延續至今的「地球村民期」吧！隨著和歐洲甚至全世界的貿易，方明的視野以及和現實世界的關係當然更不同於以往了！疲憊的商業飛行里程急遽增加的同時，他的事業版圖漸大，創作版圖漸小，但是最真誠地生活與創作的青年期記憶對任一個傷感的靈魂都有不會磨損的魔力吧！

再次和方明聊天時，我們已是冷氣房裡言語乏味的都會中年了！我們夢想中的江湖，已隨著年少輕狂的歲月遠颺，而一個充滿希望與隱憂、充滿騷動與能量——最重要的——一個太世俗化、太具體的中國已經重新站到歷史舞台中央。面對著它，我們原先的憧憬都已老態龍鍾了……

越南也從戰後的灰燼中站了起來，歷史唯一能做的，就是也給所有正當或錯誤的結果一個正當的身分！

台北也改朝換代，大學當然也不再是理想主義者最堅固的巢穴。但是，我們仍保有著對彼此的原初印象，並始終相信那是我們看見彼此真貌或本質的時刻……

那個孤獨而富足的越華青年也始終亦步亦趨，總是不會離開我們的心靈太遠。

特別是翻開「生命是悲歡相連的鐵軌」時，我們發現我們年輕時的種種作為，已是某種不存在的文明盛世的一部份了！

追索及肯定

——淺談方明的熱天午後之巴黎

馮　青

方明的「地鐵神話」裡，有如此之佳句，讀之令人憶起龐德：「如斯近距離觀察異樣的膚肌與表情／你開始迷思與震懾上帝的創世。」

驀然驚覺，離開詩壇數十年又開始握筆書寫的詩人方明，早已不是昔日和羅智成，苦苓等詩友共組台大現代詩社時的青衫少年。那時讀他的詩作，每有「花間集」及「故國神遊，多情應笑我」的那種況味，當時八〇年代的知識青年，仍然續接「輕身一劍知」類似溫瑞安等神話了的儒俠之寫照，似乎樂此不疲，不信的話請看他早期的詩作「詩人」：「勸君莫作獨醒人／醉臥花間應有數……。／去替月亮調色／去揀衆星落我衣襟／將煮熟的唐朝咀嚼」不可諱言的，「煮熟了的唐朝」是當時詩壇上一種流行的迷惘，當我們今天用望遠鏡回看那樣的時空之際，「現代詩」的現實和想像複合體不屬於詩人自己，而是在學院古典寄寓他文化傳承的想像，並且載浮載沉，大部份詩人雖然看起來蠻「唯我」，但心志確實有些疲弱，彷佛少了些屬於自已創作的善與惡，也缺少自己的亞當夏娃與撒旦。

然而，閱讀方明的作品之餘，詩人的洞察力似乎也在詩行之間遊蕩，真的可以知道，歷史很快的就掏空了那些年代裡的單純信仰，時間成了一切意象的說明，方明必然是十分明白的，不然，「地鐵神話」裡怎麼會出現那種的釋然呢？「驛站之間的偶思無法治療／縹渺的鄉愁地面上無限美感的羅浮宮巴黎鐵塔或聖母院／此刻都是歲月裡抽象的神話」。

抽象的神話；詩人曾經全信浸淫其中或半信半疑的，又何止是巴黎的歷史精銳呢？台灣的故宮，歷史教科書裡的秋海棠，畫廊，中產階級一個也沒有的政治主張，階級儀式及股票族…。神話佈滿我們固守意識型態的沙頭堡陣營，永恆的義和團…就是這些嗎？不止這些吧！

詩人方明在「地鐵神話」之前的困惑、複雜，也就在在如揭了，詩人在他的言語之樹上，不致匱乏，乃是因為感受到巴黎給了他那些浮動的文化意義太多，在生存的競賽中，安適舒解的象徵並非安適舒解，而是某種大撤退的行為，方明「巴黎午後」這首詩應當算是具有相當象徵性的說明吧！

如斯珍貴的夏
滿地的群鴿也在啄食
灑篩的陽光
不去海灘裸晒的女士
穿著襯花的摺裙招搖
風總飄來她們同一味道的
體香

塞納河上的掠雲光影
空寂得如百年前
莫內的筆韻
巴黎的鐵塔和凱旋門
被人群擠迫成兩座生硬的建築物
究竟誰會想弔跺在腳下的
英雄窀穸或敬仰

Gvstave Eiffel 的銅像

流浪漢被樹陰下長凳
或暖和的草地留住
一如遊客被滋生的美
驚愕
穿巡的警察細心窺察群像
異樣的眼神
深怕突來一幅樓倒壁傾
火柱沖天的活畫
（炎夏是恐怖份子繁殖的季節）
眾多暴露的胴體
一排排白椅的露天咖啡座
彼此睥睨的眼神
曖昧如偷情的男女
此刻，在聖母教堂祈禱的虔誠信徒
和小電影院內的觀眾

同樣獲得舒解快慰

人順勢著既定意義的方式生活，因此把詩當作人類歷史中短暫潤澤下的藝術，也就絲毫不足為奇了，男女彼此睥睨，形同肢體的偷歡，不要抗拒，不要顛覆。巴黎所有的古蹟，都成了永恆觀光的景點，「風總是飄來她們同一味道的體香」因此方明的這首詩，有如一棵生長著「文化」和「感覺」話語的大樹，當詩人注視著熱天午後的花都巴黎之時刻，我們也注視洞察著詩他人所瞭解的催眠作用下的道德危機，這危機並不是指男女睥睨或交歡的眼神，而是大部份獲得「舒解快樂」的神話認同，也許盛夏真的是繁殖恐怖份子的季節，因而傾刻間的旖旎風光也許會樓倒壁傾血光沖天也未可知？要知道，方明這首詩成於911 之前！這是一個有趣的問題，詩人在擔憂什麼呢？

數個世紀以來，那麼美好的歷史與文化資產，原來是建立在世界體系核心／邊陲的宰制層面上的！因此，是誰要來攻擊這些美好的狀態呢？為什麼？看來，一首詩正好也形成我們可能追索的意義！

然這又牽涉到撫平人生皺紋的是什麼的這個問題？是偽裝的意義和豢養成習慣的養眼快感，文化資產及女人胴體香，還是塞納河的浮光掠影，順服的情感和不可言喻的中產階級神話，回報我們的的是一鍋文化巴黎或文化台北的可口甜食及下午茶，這假設性的回報更包括教堂內虔誠的信徒或小電影院內的觀衆；同樣都會舒了一口氣的神話及滿足，也許，詩人要勘破的，就是這樣的失血及順服吧！

其實，大部份的中產階級都是順服者，也是國家甚至國族主義的認同者，因而這首詩其實也不動聲色的說明；熱天午後之失血地帶，這才是人類最有權力的「政權」，順服，舒解，交換！它甚至收編了所有人類最日常化的意義，方明不會動用微言大義，只看詩的最後一段，無形化的融合了無形的一切。寫詩者和閱讀詩作的人，似乎很難自外於這樣的命題及政治覺悟是非有人還躲在牧歌式的田園詩裡自慰！

當杜甫的「紈跨不餓死，儒冠多誤身」是充滿焦慮及憤慨的控訴時，文人及知識份子的定義，當下就有了定奪，方明在歐洲渡過的歲月，大半孜孜於創業維艱之中，難得重新執筆，然又詩心沛然，關照他的近作，就覺得他的後續已呼之欲出，亢卑之間，不再是概念及文字意義的同質詩作而已，閱讀詩作，不免也要看出創作者是以什麼觀點去進行觀察，玻璃般地言語和行為語言，看來是必要的。

詩人方明另一首「龐畢度中心夕暉」，應是接續前兩首的思維事件的系列之作，方明在詩中所鋪展的視覺結構，頗具畢卡索的流浪藝人之美，然又意象明快，指涉廣大，茲舉「龐畢度中心夕暉」一詩為例：

落日與初月正分歧對話
享樂與存在是否如斯眞美
群簇逐漸自畫匠的眼神逸去
今天的翦像是兩三隻無神采的流浪狗
與一群喧嘩卻吝嗇的異國學生

卜卦者偃坐了整個下午
目盡遊人的快樂與茫然
卻無法算出恐怖份子是否覬覦
這座銅皮鐵骨的龐然巨物

雜耍小丑的臉正揶揄出
世間百態表情　無須補妝
反正夜色會噬吞一切

人類的苦難因放縱而得解脫
我展舞逾越道德的肢體
方能迴盪觀眾共鳴的掌聲
百萬冊的精藏與綿亙之網站
都無法詮釋生存與死亡之糾纏
神人之間的惑慮　而我假裝
從龐畢度中心飽讀一日典籍出來
夕暈的洗禮顯得更溫柔安慰

方明詩中「百萬冊的精藏與綿亙之網站」，產生了一個無限大卻又令人感染與衝擊的知識體系，人類的固有共享的遺產，就是無限權力上綱的知識，然也是人類痛定思痛的神力，知識霸權之為神力，又需以知識破解之，神權的隱喻亙綿不斷，豈只是一場逾越道德肢體的展舞及觀眾共鳴的掌聲而已，最重要的，是「假裝」飽學或「參予」這場知識的偽裝之展演狀態，當閱讀百萬精冊或知識成為一切自然地狀態時，人類就癱軟在這樣的神話裡。詩人及詩作怎麼可能再思無邪呢？

在這裡詩的第一層偽裝是；隱喻地存在那樣知識性地安慰中而不能

自拔：假裝飽讀了一日典籍。第二層偽裝是閱讀者幾幾乎不知道的，百萬精冊只不過是百萬精冊而已，無關乎知識，所以，即使有百萬精冊，知識體也未必在場，百萬冊精冊，也非知識的神話。然而這分明是不可能的，因為科學，典範及大敘述的進行、控制在在都說明了擺脫神話的難度，如同作者方明在「公園黃昏」詩裡所說的：「墜入如斯淒艷晝與夜對決的搖籃／擁抱詮釋最無常貼切的景像，驚覺浮生只是印証」只是印証那種很現實又隱喻的狀態，因為這樣錯綜的肌裡，所以才是值得我們去追索並且肯定一位當代的詩人以及他的詩的！

完稿於 2002/08/30/02:30

國家圖書館出版品預行編目資料

生命是悲歡相連的鐵軌／方明著. --初版. --臺北市：創世紀詩雜誌, 民 92
面；　公分. --（創世紀詩叢；36）
SBN 957-28519-1-8（精裝）

851.486　　92011756

創世紀詩叢 ㊱

生命是悲歡相連的鐵軌

著　者／方　明
e-mail:fongminh@ms16.hinet.net

發行人／王慶麟（瘂弦）
社　長／丁文智
出版者・發行者／創世紀詩雜誌社
行政院新聞局局版臺誌字第 3827 號執照
社　址／114 台北市內湖區文德路 22 巷 116 號 4F
電話：(02)2799-0079
傳眞：(02)2627-9632
印刷者／文史哲出版社
台北市羅斯福路 1 段 72 巷 4 號
電話：(02)2351-1028
郵　撥／中華郵政劃撥 01042548 張德中帳戶
售　價／精裝每册新台幣 240 元
中華民國九十二年八月初版

ISBN 957-28519-1-8